Hospitality
서비스 경영전략

김성용 저

Hospitality
Strategic
Service
Management

기문사
www.kimoonsa.co.kr

머리말 *Preface*

우리는 지금 서비스 경제에 살고 있으며, 이러한 서비스의 비중은 시간이 지날수록 점점 증가하고 있다고 할 수 있다. 우리의 일상생활을 살펴보더라도 최근 급속한 수요의 증가와 발전을 보이고 있는 휴대전화 서비스를 포함한 인터넷을 중심으로한 정보통신 서비스, 금융서비스, 법률서비스, 교육서비스, 호텔관광 서비스 등 서비스 없이는 우리의 일상생활이 매우 불편을 겪을 만큼 우리는 현재 서비스와 더불어 살고 있다고 할 수 있다.

뿐만 아니라 서비스의 중요성 증대로 인하여 제조기업들도 서비스와 관련된 부가서비스를 증가시키고 있을 뿐만 아니라 기존의 서비스 기업들은 치열한 경쟁으로 고객에게 제공하는 기술적인 수단만으로는 경쟁우위를 가질 수 없다는 판단하에 주서비스 뿐만 아니라 보조서비스를 통해서 자사의 경쟁력을 높이려고 노력하고 있다.

이러한 여러 가지 환경의 변화와 더불어 소비자들의 욕구는 점점 다양해지고 있기 때문에 서비스 기업의 경우는 이렇게 다양해지면서 점점 높은 수준의 서비스 품질을 희망하는 소비자들의 욕구를 충족시켜야하는 어려움을 겪게 된다.

이러한 서비스산업과 관련되 급속한 경영환경의 변화로 인하여 서비스 기업들은 점점 더 고급화, 전문화되어야 경쟁기업들과의 치열한 경쟁에서 생존할 수 있게 되었다. 또한, 서비스 기업들은 기업의 내부환경 분석 뿐만 아니라 산업 전반에 걸친 기업의 외부환경 분석을 통해서 경쟁우위를 창출하고, 이러한 경쟁우위를 계속해서 유지해야만 하는 과제를 안고 있는데 이를 위해서 계속 노력해야 한다. 뿐만 아니라 서비스 기업의 입장에서는 육체노동과 정신노동과 더불어 정서적인 노동에 대한 부담감이 높은 서비스 기업의 인적자원관리 부분에도 많은 신경을 써야 하기 때문에 관리적인 측면에서도 비용과 시간에 대한 투입이 증가되어야 하는 문제에 부딪히고 있다.

또한, 제조업만으로 성장하는데는 여러 가지 한계점에 부딪히게 되기 때문에 우리나라의 기업들이 경쟁력을 보유하기 위해서는 서비스 부문의 경쟁력을 보유하는 것이 꼭 필요하다는 것은 대부분의 사람들이 인식하고 있는 사실이라고 할 수 있다. 따라서 본 교재에서는 이러한 환경하에서 서비스 산업 중 가장 규모가 크면서 미래에 더욱 유망한 서비스 산업인 환대산업을 운영하는 기업들의 경영전략을 살펴보았다.

본 교재는 서비스의 이해, 서비스 산업의 동향, 호텔관광 서비스, 고객만족과 서비스, 서비스 품질, 서비스 기업의 경영전략, 서비스 마케팅, 서비스산업과 글로벌화, 서비스 산업의 브랜드 전략 등으로 구성되어 있다.

2010년 2월

저자 씀

>>>

차례

Contents

제3장
호텔관광 서비스의 이해

제4장
고객만족과 서비스

제7장
서비스 마케팅의 이해

제8장
마케팅 전략

제9장
서비스 마케팅 믹스

제10장
서비스 산업과 글로벌화

제11장
소비자의 의사결정과 브랜드 전략

제1장

서비스의 이해

1. 서비스의 개념 및 특성
2. 서비스의 분류

제1장 서비스의 이해

1 서비스의 개념 및 특성

우리가 일상생활에서 사용하는 서비스에 관한 정의는 매우 다양하다고 할 수 있다. 예를 들어, 이 물건을 하나 서비스로 드립니다의 의미는 어떠한 제품을 구입할 때 무료로 하나 준다는 의미이고, 직원들의 서비스가 좋다는 의미는 직원들이 고객을 대하는 자세와 태도가 좋다는 의미이다. 하지만 이러한 서비스에 대한 해석은 매우 좁은 의미의 해석이라고 할 수 있다.

간단히 말해서 서비스는 행위(deeds), 과정(process) 및 그 결과인 성과(performance)라고 할 수 있는데, 호텔, 병원, 은행 등의 서비스도 고객을 위해 종업원이 수행하는 행위이다. 이와 같이 넓은 의미로 서비스를 정의할 때 서비스는 서비스업에서 제공될 뿐만 아니라 여러 제조업에서 제품과 결합되어 제공되고 있음을 알 수 있다. 예를 들어 자동차회사는 판매차량에 대해 보증 및 수리서비스를 제공하는데 이러한 예도 행위, 과정, 성과의 예라고 할 수 있다. 위에서 정의한 대로 간단하면서도 넓은 의미의 서비스의 의미와 더불어 서비스의 정의가 다양함을 인지하고 있으면 서비스를 정의할 때 생길 수 있는 혼동이나 의견의 불일치를 이해할 수 있다. 위에서 언급된 넓은 의미의 정의와 부합할 수 있는 정의는 서비스는 산출물이 물적인 제품이나 구조물이 아니며, 일반적으로 생산되는 시점에 소멸되고 구매자에게 무형적인 형태의 가치를 제공하는 모든 경제적인 활동을 포함한다고 할 수 있다. 서비스의 다양한 의미와 관련된 정의는 아래와 같다.

1) 서비스의 정의

경영학에서 서비스에 관한 연구는 1960년대 초반부터 시작되었으며, 연구 초기에는 제품과 서비스의 특성 및 서비스마케팅의 적용에 관한 연구가 활발하게 이루어졌으며 1990년대부터는 보다 체계적으로 서비스에 관한 이론과 전략적인 측면에서의 서비스의 중요성에 관한 연구가 이루어지고 있다고 할 수 있다.

서비스의 활동론적인 정의를 살펴보면 미국마케팅학회(1960)는 서비스를 판매목적으로 제공되거나 상품판매와 연계해 제공되는 모든 활동, 편익, 만족이라고 정의하였다.

한편, 상호관계론적인 관점에서 대부분의 경우 서비스는 고객이 서비스 제공자와 상호작용을 하게 된다. 따라서 서비스란 **무형의 성격을 띠는 일련의 활동으로서 고객과 종업원의 상호관계에서부터 발생해 고객의 문제를 해결해 주는 것**이라고 할 수 있다.

그림 1-1 제품의 유형성 스펙트럼

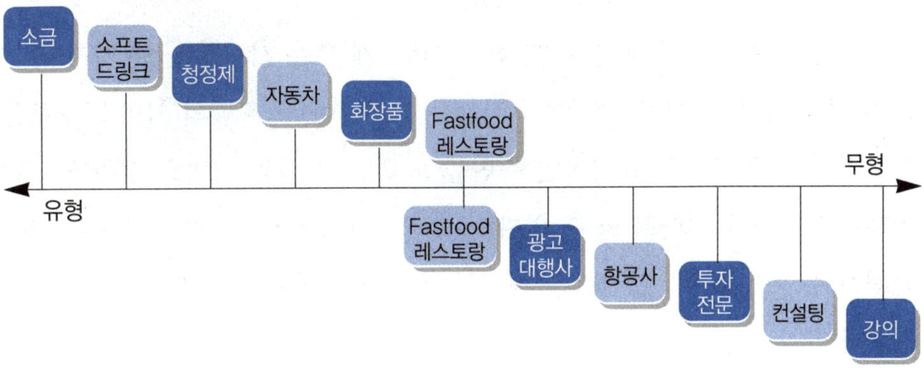

2) 서비스의 특성

서비스는 제품과는 다르게 서비스만의 여러 가지 특성을 가지고 있다.

(1) 무형성

무형성(intangibility)은 서비스의 특성 중 가장 대표적인 특성으로 일반 제품들은 구매 이전에 소비자들이 제품을 시험해 보거나 만져볼 수 있지만 서비스는 무형적인 특성을 가지고 있기 때문에 미리 시험해 보거나 만져볼 수 없는 특성을 가지고 있다. 예를 들면 여행사의 관광상품의 경우 소비자들은 브로셔나 관광 가이드의 경험효과 등을 통해서만 제한적으로 정보를 접할 수 있으며, 호텔의 객실이나, 항공사의 좌석과 같은 경우도 소비자들은 서비스를 구매하기 전에 미리 서비스를 접할 수 없다.

이와 같이, 서비스의 특성 중 무형성은 두 가지 의미를 내포하고 있다고 할 수 있는데, 첫째는 실체를 보거나 만질 수 없다는 객관적인 의미이고, 둘째는 이렇게 서비스는 보거나 만질 수 없기 때문에 그 서비스에 대해서 상상하기가 어렵다는 점이라고 할 수 있다.

이러한 서비스의 특성 중 무형성이 우리에게 주는 시사점을 몇 가지 살펴보면, 호텔의 경우 서비스를 받기 전에는 고객들이 그 호텔의 서비스 수준을 모르기 때문에 호텔의 유형적인 측면을 보고 그 호텔의 서비스 수준에 대한 기대수준을 갖게 된다고 할 수 있다. 무형성과 관련하여 또 하나 중요한 점은 완전히 유형적이거나 완전히 무형적인 서비스나 제품은 존재하지 않는다는 점이다.

(2) 이질성

서비스의 이질성(heterogeneity)이란, 서비스의 생산 및 인도 과정에는 여러 가지 가변적인요소가 많기 때문에 한 고객에 대한 서비스가 다른 고객에게 제공되는 서비스 품질과 다를 수 있다는 것을 의미한다. 예를 들면, 같은 서비스 기업의 종업원일지라도 각각 제공되는 서비스의 품질을 달라 질 수 있다고 할 수 있다. 기업들은 이러한 서비스의 이질성을 통해서 위기와 기회를 함께 맞을 수 있는데, 서비스 품질의 균일화가 어렵기 때문에 기업으로서는 어떻게 하면 서비스의 품질을 일정수준 이상으로 유지시킬 것인가와 표준화시키는가에 대해서 많은 고민을 하게 된다.

(3) 소멸성

소멸성(perishability)이란 서비스는 일반 재화와는 다르게 재고에 대한 저장이 불가능하다는 의미이다. 일반 재화의 경우는 재고에 대한 저장이 가능하기 때문에 오늘 판매하지 않으면, 내일 판매가 가능하지만 항공사의 좌석이나 호텔의 객실같은 경우에느 저장했다가 수요가 있을 때 다시 판매하는 것이 불가능하다는 의미이다.

호텔의 경우, 호텔이 일년 내내 보유하는 객실의 수는 일정하지만, 성수기에는 객실이 가득 차거나 혹은 객실이 모자랄 수 도 있지만, 비수기에는 고객이 없어 객실이 많이 비어 있을 수 있는데, 이렇게 비어 있는 객실을 저장했다가 성수기에 사용할 수 없다.

(4) 비분리성

비분리성(inseperability)이란 서비스의 생산과정에서 소비가 동시에 이루어지는 것을 의미하는데 제품의 경우는 생산이 먼저 되고, 나중에 판매될 수 있지만 서비스는 서비스의 제공과정에서 서비스를 제공받는 고객이 존재해야 한다.

이렇게 재화와 비교해서 서비스의 특성과 관련된 연구들이 활발하게 진행되었는데 주요한 연구들을 살펴보면 아래의 표와 같다.

표 1-1 재화와 서비스의 특성 비교

재화	서비스	관리적 의미
유형	무형	– 서비스는 저장할 수 없다. – 서비스는 특허를 낼 수 없다. – 서비스는 쉽게 전시되거나 전달할 수도 없다. – 가격책정이 어렵다.
표준	이질	– 서비스 제공과 고객만족은 종업원의 행위에 달렸다. – 서비스품질은 많은 통제불가능한 요인에 달렸다. – 제공된 서비스가 계획되거나 촉진된 것과 일치하는 지를 확신하기 어렵다.

재화	서비스	관리적 의미
생산과 소비가 분리	생산과 소비가 동시	- 고객이 거래에 참여하고 영향을 미친다. - 고객은 서로에게 영향을 미친다. - 종업원이 서비스 결과에 영향을 미친다. - 분권화가 필수적이다. - 대량생산이 어렵다.
비소멸	소멸	- 수요와 공급을 맞추기가 어렵다. - 서비스는 반품될 수 없다.

위에서 언급한바와 같은 특성을 서비스는 가지고 있는데, 이러한 특성으로 인해 장점도 있지만 문제점도 발생할 수 있다. 따라서 이러한 서비스의 특성으로 인한 문제점을 해결하기 위한 대응전략은 다음과 같다.

표 1-2 서비스의 특성, 문제점 및 대응전략

재화	서비스	문제점	대응전략
유형성	무형성	- 저장이 불가능함 - 특허를 통한 서비스 보호가 불가능함 - 진열 및 커뮤니케이션을 할 수 없음 - 가격설정기준이 모호함 - 표본추출이 곤란함	- 유형적인 단서 강조 - 인적 원천을 정보제공에 사용 - 구전 커뮤니케이션을 활성화 함 - 강력한 기업이미지 창출 - 대고객 접촉빈도 제고 - 제공되는 효익 강조 - 구매 후에도 커뮤니케이션에 관여함
비소멸성	소멸성	- 저장 및 재판매 불가능 - 수요 및 공급의 균형 문제	- 수급 및 제공능력의 동시 조절 - 비수기의 수요변동에 대한 대비
분리성	비분리성	- 서비스 제공자의 현존 - 서비스 생산에 고객 참여 - 직접 판매만이 가능 - 집중화된 대규모 생산의 어려움	- 종업원 선발 및 교육에 비중을 둠 - 서비스 제공자의 자동화 강화 - 세심한 고객관리가 필요함 - 복수점포 입지전략 사용
동질성	이질성	- 표준화 및 품질 통제의 어려움	- 서비스 표준의 설계 및 수행 - 사전 패키지 서비스 제공 - 서비스의 기계화, 산업화 강화 - 서비스의 맞춤화 시행

• 자료 : 이명식, 2004, p.30 참조 수정.

이렇게 재화와 서비스의 특성 차이로 인하여 서비스마케터들은 여러 가지 문제점에 직면하게 되는데 서비스에 대한 고객의 욕구와 기대에 대한 이해, 서비스제공물의 유형화에 관한 문제, 서비스 제공과정에서 생기는 문제를 관리하는 문제, 고객과의 약속에 관한 문제 등 여러 가지 문제점에 부딪힐 수 있다.

2 서비스의 분류

일반적으로 제품과 관련된 연구에 비해서 서비스와 관련된 이론적인 연구가 미비한 것은 서비스의 정의를 너무 넓은 관점에서 보면 깊게 분석하는데 어려움이 있고, 너무 좁은 관점에서 살펴보면 일반화시키는데 어려움이 있기 때문이라고 할 수 있다.

서비스를 분류하는 것은 여러 가지 측면에서 도움이 될 수 있는데, 먼저, 잘 분류된 서비스의 체계는 특정 서비스를 이해하는데 큰 도움이 될 수 있으며, 분류된 서비스의 유사점과 차이점을 조명할 수 있다. 이렇게 서비스의 유사점과 차이점을 조명할 수 있게 되면 기업의 입장에서는 마케팅전략을 수립하는데 크게 도움이 될 수 있을 뿐만 아니라 고객의 입장에서도 서비스를 이용하는데 더 많은 정보를 획득하여 더 좋은 품질의 서비스를 제공받을 수 있게 된다. 서비스 분류에 관한 선행연구들을 살펴 보면, Judd(1964)에 의해 처음 시되 되었으며, 이후 Rothmell(1974), Shostack(1977), Hill(1977), Thomas(1978), Chase(1978), Kotler(1980), Lovelock(1980) 등에 의해서 지속적으로 연구가 이어져 왔으며, 서비스 분류와 관련된 연구의 내용은 다음 표와 같다.

표 1-3 서비스 분류에 관한 연구

학자	분류 기준
Judd(1964)	- 임대된 상품 서비스(일정기간동안 상품을 소유하고 사용할 권리를 가짐) - 소유된 상품 서비스(고객이 자신이 보유한 상품을 유지하고 보수함) - 비상품적인 서비스(개인적 경험, 경험적 소유)
Rothmell(1974)	- 판매자 유형 - 구매자 유형 - 구매동기 - 구매형태 - 규정제도
Shostack(1977)	각 제공물 단위에 포함되어 있는 물리적인 제무과 무형적인 서비스의 비율
Hill(1977)	- 사람에게 영향을 주는 서비스와 사물에 영향을 주는 서비스 - 시비스의 영원한 효과와 일시적인 효과 - 이러한 효과의 전환가능성과 비전환 가능성 - 물직적인 효과와 정신적인 효과 - 개별적인 서비스와 집단적인 서비스
Thomas(1978)	- 기본적으로 설비중심의 서비스 - 자동화 서비스(자동세차) - 미숙련 작업자에 의해 운영되는 서비스(영화관) - 숙련 작업자에 의해 운영되는 서비스(비행기) - 기본적으로 사람중심의 서비스 - 미숙련 노동자(잔디깎기) - 숙련 노동자(수선업무) - 전문가(의사, 변호사)
Chase(1978)	서비스 제공에서 요구되는 대고객접촉의 정도에 따라 분류 - 높은 수준의 접촉(호텔, 레스토랑) - 낮은 수준의 접촉(우편, 도매)
Kotler(1980)	-사람중심과 설비중심 - 고객의 참여가 필요한 정도 - 개인의 욕구충족과 기업의 욕구 충족 - 영리추구와 비영리추구에 대한 공적 서비스 혹은 사적 서비스
Lovelock(1980)	- 수요의 기본적 특성 - 서비스 대상(사람과 사물) - 수급불균형의 정도 - 고객과 서비스 제공자 사이의 단절적 관계와 지속적 관계

학자	분류 기준
Lovelock(1980)	– 서비스의 내용과 효익 – 물리적 제품의 포함 정도 – 개인적 서비스의 포함 정도 – 단일 서비스와 서비스의 묶음 – 서비스의 제공 절차 – 복수 입지와 단일 입지의 서비스 제공 – 서비스 역량의 배분(예약과 선착순) – 독립적 소비와 집합적 소비 – 정해진 사간에 따른 거래와 정해진 과업에 따른 거래 – 서비스 제공 동안에 고객이 참여해야 하는 정도

• 자료 : Lovelock, Christopher H.(1983), Classifying services to gain strategic marketing insight, Journal of Marketing, 47, p.11

이러한 서비스의 분류와 관련된 연구들을 종합하여 서비스 속성에 따른 분류를 해보면, 서비스 행위의 성격에 따른 분류, 고객과의 관계유형에 따른 분류, 고객별 서비스의 변화와 재량의 정도에 따른 분류, 수요와 공급에 따른 분류, 서비스제공방식에 따른 분류, 서비스상품의 특성에 따른 분류 등으로 나누어서 살펴볼 수 있다.

표 1-4 서비스의 성격에 따른 분류

구분	내용
서비스 행위의 성격에 따른 분류	서비스행위의 성격은 유형적인 성격과 무형적인 성격으로 나눌 수 있으며, 서비스의 직접적인 대상은 사람과 사물로 나눌 수 있다. – 유형적이면서 사람을 대상으로 하는 서비스(호텔, 의료, 여객운송) – 유형적이면서 사물을 대상으로 하는 서비스(화물운송, 장비수리) – 무형적이면서 사람을 대상으로 하는 서비스(광고, 컨설팅, 교육) – 무형적이면서 사물을 대상으로 하는 서비스(은행, 법률서비스)

구분	내용
고객과의 관계유형에 따른 분류	서비스 제공의 성격은 계속적인 제공과 단발성 제공으로 나눌 수 있으며, 서비스 조직과 고객과의 관계유형은 회원관계와 공식적으로 관계가 없는 유형으로 나눌 수 있다. - 계속적인 제공이면서 회원관계인 서비스(은행, 전화, 보험) - 계속적인 제공이면서 공식적인 관계가 없는 서비스(라디오, 경찰) - 단발성 제공이면서 회원관계인 서비스(국제전화, 정기승차권, 연극회원) - 단발성 제공이면서 공식적인 관계가 없는 서비스(렌터카, 우편서비스)
고객별 서비스의 변화와 재량의 정도에 따른 분류	종업원이 고객욕구에 따라 발휘하는 재량정도가 높은 성격과 낮은 성격으로 분류할 수 있으며, 고객에 따라 서비스를 변화시킬 수 있는 정도가 높은 성격과 낮은 성격으로 분류할 수 있다. - 종업원의 재량이 높으면서 고객에 따라 변화시킬 수 있는 정도가 높은 서비스(별률, 의료, 사교육) - 종업원의 재량이 높으면서 고객에 따라 변화시킬 수 있는 정도가 낮은 서비스(교육, 예방의료) - 종업원의 재량이 낮으면서 고객에 따라 변화시킬 수 있는 정도가 높은 서비스(호텔, 전화, 은행, 고급음식점) - 종업원의 재량이 낮으면서 고객에 따라 변화시킬 수 있는 정도가 낮은 서비스(대중운송서비스, 영화관, 패스트푸드)
수요와 공급의 관계에 따른 분류	공급의 제한을 피크수요를 충족시킬 수 있는 정도와 시간에 따른 수요의 변동성 정도가 많고 적은 서비스로 분류하였다. - 피크수요를 충족시킬 수 있으면서 시간에 다른 수요의 변동성이 많은 서비스(전기, 전화, 소방) - 피크수요를 충족시킬 수 있으면서 시간에 다른 수요의 변동성이 적은 서비스(보험, 법률, 은행, 세탁서비스) - 피크수요를 충족시킬 수 있는 능력이 적으면서 시간에 다른 수요의 변동성이 많은 서비스(호텔, 회계, 식당, 극장, 여객운송) - 피크수요를 충족시킬 수 있는 능력이 적면서 시간에 다른 수요의 변동성이 적은 서비스(위와 비슷하지만 기본적으로 불충분한 설비능력을 지님)
서비스 제공방식에 따른 분류	고객과 서비스의 관계 및 서비스 지점으로 분류한다. - 고객이 서비스 기업으로 가면서 단일입지인 서비스(극장, 이발소) - 고객이 서비스 기업으로 가면서 복수입지인 서비스(버스, 패스트푸드, 레스토랑)

구분	내용
	– 서비스 기업이 고객으로 가면서 단일 입지인 서비스(잔디관리, 택시, 방역) – 서비스 기업이 고객으로 가면서 복수입지인 서비스(우편, 긴급자동차 수리) – 떨어져서 거래하면서 단일입지인 서비스(신용카드, 케이블 텔레비전) – 떨어져서 거래하면서 복수입지인 서비스(방송네트워크, 전화)
서비스 상품의 특성에 따른 분류	서비스가 사람에 근거한 정도와 서비스가 설비 또는 시설에 근거한 정도와 관련된 서비스가 높고 낮은 정도 – 서비스가 사람에 근거한 정도가 높으면서 서비스가 설비 또는 시설에 근거한 정도가 높은 서비스(고급호텔, 병원) – 서비스가 사람에 근거한 정도가 높으면서 서비스가 설비 또는 시설에 근거한 정도가 낮은 서비스(컨설팅, 회계) – 서비스가 사람에 근거한 정도가 낮으면서 서비스가 설비 또는 시설에 근거한 정도가 낮은 서비스(지하철, 렌터카) – 서비스가 사람에 근거한 정도가 낮으면서 서비스가 설비 또는 시설에 근거한 정도가 낮은 서비스(전화)

• 자료 : 이유재, 2004, p.34 기초로 재작성

사례

하얏트 호텔의 서비스 포지셔닝

홍콩의 유력 잡지인 비즈니스 트래블러스가 뽑은 서울 최고의 비즈니스 호텔과 영국 금융전문지인 인스티튜셔널 인베스터지의 올해의 베스트 호텔에 동시에 선정된 그랜드하얏트호텔의 관계자는 마케팅을 맡아온 지난 10년 동안 호텔의 분위기를 비즈니스 여행객들이 편안하게 느낄 수 있도록 하는데 가장 큰 주안점을 두었다고 강조했다. "호텔의 이미지는 1~2년 사이에 이루어 지지 않습니다. 그래서 하얏트호텔은 개관과 함께 지속적으로 시설투자를 해왔습니다. 아울러 분위기와 서비스 등 눈에 보이지 않는 부분에 더욱 정성을 기울였습니다.

지난 80년대 아시안게임과 올림픽으로 서울에 많은 호텔들이 생길 때 하얏트는 앞으로의 구체적인 포지셔닝이 필요한 때라고 판단, 디럭스 비즈니스 호텔로 방향을 정하고 비즈니스 여행객들을 위한 호텔에 맞는 시설 투자와 서비스에 집중해 왔습니다." 이 같은 기본방향을 설정한 후 하얏트는 다른 비즈니스 호텔과 충돌을 피하면서도 비즈니스 여행객을 대상으로 하는 부문에서 공격적인 마케팅을 펼쳤다.

"세계 경기가 활발하면 호텔업도 호황을 누리고 경기가 침체되면 그 만큼 여행객의 수가 주는 만큼 호텔업에 있어서도 막연하게 전체 고객을 대상으로 하는 마케팅보다는 좀더 공격적이고 구체적인 전략이 필요합니다. 주 5일 근무제 실시의 확대로 인해 내국인들의 호텔 이용이 증가할 것인 만큼 내국인 고객을 위한 상품 개발과 서비스에도 더욱 치중할 생각입니다."

자료 : 한국경제, 2002년 10월3일

제2장

서비스 산업의 이해 및 동향

1. 서비스 산업의 동향
2. 서비스 기업의 과제
3. 디지털경제의 특성과 서비스 산업의 이해
4. 서비스 산업의 성장 요인

제2장 서비스 산업의 이해 및 동향

1 서비스 산업의 동향

인터넷을 기반으로 한 정보통신기술의 발전과 다양한 소비자욕구 등으로 인하여 서비스 산업은 빠르게 성장하고 있으며, 특히, 전통적인 산업경제에서 디지털경제로 전환하는 과정에서 이전에는 없었던 새로운 서비스들이 생겨나면서 서비스의 중요성은 더욱 커져가고 있다. 우리의 일상생활에서도 인터넷과 휴대폰을 기반으로하는 정보통신서비스, 의료서비스, 금융서비스, 교육서비스, 법률서비스 등 서비스가 없이는 일상생활이 어려운 상황이 되었다고 할 수 있다. 또한, 우리나라의 경제적인 구조에서도 제조업만으로 성장하는데는 한계점에 부딪힐 수 있으므로 서비스 산업의 증가와 발전이 필요한 부분이라고 할 수 있다.

우리나라의 서비스 산업의 현황을 살펴보면 2002년 이후 일시적으로 하락세를 보이다가 다시 증가하여 2007년에 57.6%를 기록하였다. 제조업의 비중은 1988년 30.7%를 최고점으로 하락세를 보여 정체상태라고 할 수 있는데 2007년에는 27.9%를 기록하였다. 우리나라의 서비스 산업 비중은 지속적으로 증가하고 있지만 OECD에 가입되어 있는 다른 국가에 비하면 낮은 수준이라고 할 수 있는데 2006년 기준으로 우리나라의 서비스 산업 비중은 노르웨이, 터키, 체코 등과 함께 가장 낮은 수준이라고 할 수 있다.

우리나라와 달리 같은 시점에 미국, 영국, 프랑스 등 주요 선진국의 서비스업 비중은 70%를 초과하였다. 제조업이 발달한 일본, 독일, 핀란드에 비해서도 우리나라의 서비스 산업 비중은 상당히 낮은 편이라고 할 수 있다.

서비스 산업이 중요한 이유는 서비스산업은 제조업을 보완하여 성장동력이 될 수 있기 때문에 위에서 언급한대로 OECD 주요국가의 서비스산업의 GDP 비중 및 고용비중은 70% 이상을 상회하고 있으며, 아웃소싱의 확산, 서비스 교역 확대, 소비의 고급화 등으로 서비스수요는 증가하고 있는 추세이다. 이러한, 서비스 산업의 성장 배경에는 위에서 언급한대로 인터넷, 휴대폰과 연결된 정보통신기술의 발전, 소비자 욕구의 다양화 등의 원인이 있다고 할 수 있다.

또한, 서비스 산업은 노동집약적 서비스에서부터 지식기반 서비스에 이르기 까지 범위가 매우 넓으며, 각 업종별로 산업의 특성, 성장잠재력, 경제기여도 등에서 차이가 크다고 할 수 있으며, 국가경제 기여차원에서 볼 때, 서비스 업종별 특징은 다음 표와 같다.

표 2-1 서비스업 업종별 특징

업종	주요 특징
도소매, 음식. 숙박, 공공행정 등 전통 서비스업	고용창출 효과가 높음
비즈니스서비스, 의료, 금융, 통신, 방송, 문화. 관광	성장잠재력이 높음
물류, 금융, 교육, 통신. 방송 등	제조업 등 국가경제의 효율성 제고
교통, 운수, 관광	글로벌 교역 등 국제화 용이

자료 : 고정민 외, 삼성경제연구소, 2005, p. 4.

2 서비스 기업의 과제

1) 보조서비스의 중요성 증가

최근, 많은 서비스 기업들은 다른 기업들과의 치열한 경쟁으로 인하여 고객에게 제공되는 기술적인 수단만으로는 경쟁우위를 창출하고 유지하는데 어려움을 겪을 수 밖에 없다. 따라서 서비스 기업들은 다른 경쟁기업에 비해서 경쟁우위를 확보하기 위해서 주서비스와 더불어 보조서비스에 대한 비중을 늘려서 보조서비스를 추가하거나 기존의 서비스에 보조서비스를 확장하는 차별화 전략을 많이 구사하게 된다. 예를 들어, 호텔산업의 경우는 호텔의 주된 서비스 중 하나는 객실서비스라고 할 수 있는데 이러한 객실서비스만으로는 다른 호텔들과 비교해서 경쟁우위를 창출하는데 있어서 어려움을 겪기 때문에 식음료서비스, 수영장 등 다른 부분에서 서비스에 차이를 두어 경쟁우위를 확보하기 위해서 노력하고 있다. 항공사의 경우도 고객들을 운송하는 주된 서비스 이외에도 마일리지 서비스와 티켓팅과 관련된 서비스, 고객들이 대기하는데 불편을 덜 하도록 하는 서비스 등 여러 가지 다양한 서비스를 통해서 경쟁우위를 확보하려고 치열하게 경쟁하고 있다고 할 수 있다.

2) 서비스 마케터의 과제

제품과 서비스 간의 근본적인 차이 때문에 서비스 마케터들은 재화를 마케팅하는 마케터들과 비교해서 몇 가지 실질적인 어려움에 부딪힌다. 서비스에 대한 고객의 기대를 이해하는 것, 서비스를 유형화시키는 것, 서비스 제공과 고객관리상의 문제를 처리하는 것, 고객에게 약속한 것을 지키는 것 등이다. 아래의 질문들은 서비스 관리자들에게 해결하기 난해한 당면과제들이라고 할 수 있다(이유재, 2004, p.37 참조)

❶ 상품이 무형적이고 비표준화되었을 때 어떻게 서비스 품질을 정의하고 향상시킬 것인가의 문제

❷ 서비스가 무형의 과정일 때 어떻게 신종 서비스를 효과적으로 설계할 수 있을 것인가의 문제

❸ 어떻게 일관적이고 적절한 이미지를 고객에게 전달할 것인가의 문제.

❹ 서비스의 공급이 한정되어 있고 소멸하기 쉬울 때 기업이 어떻게 변동수요에 적을 할것인가의 문제

❺ 서비스 종업원들을 어떻게 동기부여시키고 선발할 수 있을것인가의 문제

❻ 실제 생산비를 결정하기 어렵고 가격이 품질의 지각과 관련되어 있을 때 가격을 어떻게 설정하는지와 관련된 문제

❼ 마케팅, 생산, 인사에 대한 의사결정이 다른 영역들에 중요한 영향을 미칠 때 훌륭한 전략적, 전술적 의사결정을 하기 위한 조직구조와 관련된 문제

❽ 조직의 효율성과 고객만족을 동시에 극대화하기 위해서는 어떻게 표준화와 개별화 간의 균형을 이룰것인가에 관한 문제

⑨ 서비스가 법적으로 보호되지 않을 때 어떻게 신종 서비스의 컨셉을 경쟁자들로부터 보호할것인가와 관련된 문제

⑩ 제공물이 무형이고 진열되거나 사용되기 어려울 때 기업은 어떻게 품질과 가치를 고객에게 알릴 수 있을까와 관련된 문제

⑪ 종업원과 고객들이 서비스 결과에 영향을 미칠 때 서비스 기업은 어떻게 일관된 품질의 서비스를 제공할 것인가의 문제

3 디지털경제의 특성과 서비스 산업의 이해

1) 고용구조의 변화

정보통신기술의 발달은 고용을 창출하는 효과와 고용을 절감하는 효과 모두를 가지고 있다. 최근 일반화된 전자상거래 역시 고용을 창출하는 동시에 고용을 절감하는 효과를 가지고 있다. 전자상거래의 확산은 특히 산업의 가치사슬에 변화를 가져와서 그에 따른 고용구조의 변화를 촉진하고 있다. 전자상거래의 도입이 가져온 가장 큰 변화는 상품을 사고 파는 방식이 변화한다는 점인데 이 부분은 지금까지 전통적인 경제활동에 있어서 핵심적인 역할을 해온 중간매개체의 기능이 변화한다는 점이다. 전자상거래와 인터넷의 일반화는 기업 내에서 중간관리자를 담당하는 인원들의 기능을 자동화시킴으로써 이들의 전통적인 중개기능을 소멸시켰다. 그러나, 전자상거래의 발전으로 생산자와 소비자간의 직접적으로 거래할 수 있는 환경이 만들어지고 소비자가 생산자로부터 직접 물품을 구입할 수 있게 되면서 물리적인 시장에서 소매업자가 가지고 있던 기능을 유명무실하게 되었다. 미국을 비롯한 주요

선진국들의 고용구조의 변화 추이 중에서 가장 눈에 띄는 부분은 정보통신산업의 발전과 더불어 서비스부문의 성장을 들 수 있다. 이러한 현상은 제조업에 대한 비중이 줄어드는데서 그 원인을 찾을 수 있다. 또한, 지식과 정보와 같은 무형의 재화가 중요시되면서 무형재화의 고유한 특성, 즉 판매자가 소비자에게 무형의 재화를 판매하고 나서도 여전히 판매자에게는 이를 다른 사람에게 재판매할 수 있고 생산에 따른 추가비용이 발행하지 않는 다는 특성 때문에 제조업을 대신하여 많은 인력을 수용하였고 이에 따른 새로운 서비스 직종들이 증가하고 있는 추세이다.

한편, 최근에는 기업이나 조직의 고용형태도 다양해지고 있다. 이것은 기업이나 조직들이 유연한 고용제도를 유지함으로써 급변하고 있는 외부환경에 대처하고 필요로하는 인재확보를 용이하게 하는 효율적인 방안으로 인식되고 있다. 이러한 고용제도는 인터넷의 일반화와 지역간 네트워크화, 정보통신기술의 발달로 다양한 근로형태를 출현시키고 있는 추세이다. 다양한 근로형태의 대표적인 사례로는 자율노동시간제, 집중근로제, 원격근로제 등이 있는데 그 중에서도 인터넷의 일반화와 정보통신기술의 발달로 효율적인 근무형태로 자리잡아가고 있는 것이 원격근로제이다. 1970년대에 등장하기 시작한 원격근로는 근로자가 회사가 아닌 다른 장소에서 인터넷과 같은 정보통신기술을 활용하여 업무를 수행하는 근로형태를 말한다. 여기서 중요한 것은 원격근로라는 개념안에는 모든 근로자들이 한자리에 모여서 같은 시간대에 주어진 업무를 수행하는 것이 아니라 근로자 개개인의 업무의 특성에 맞추어 시간대나 장소를 달리하여 인터넷이나 정보통신기술을 활용하여 업무를 수행한다는 의미가 내포되어 있다.

원격근로가 가져다주는 효과는 개인과 기업의 측면으로 나누어서 분석할 수 있다. 원격근로가 개인에게 가져다주는 이점을 살펴보면 업무와 가정일이 같은 장소에서 이루어지는 재택근무의 경우 출퇴근이 자유롭기 때문에 근로자들이 보다 안정된 상태에서 업무를 수행할 수 있다는 점이다. 또한, 작업시간을 융통성 있게 조절할 수 있다는 장점도 있다. 기업의 측면에서는, 근로자들의 근무장소가 같은 장소에 한정되어 있지 않기 때문에 사무실 임대 및 관리비용이 절감된다는 있다. 한편, 기업의 입장에서는 책임감과 자기 통제력이 요구되는 근로형태에 적합한 근로자들의 선발이나 교육 등에 기업의 비용이 증가하며 동기부여와 보상프로그램에 대한 연구도 필요하다고 할 수 있다. 따라서 이러한 측면에서 고용구조의 변화는 인적자원관리에 대한 관점에서도 시사하는 바가 크다고 할 수 있다.

2) 직종의 변화

전 세계적으로 나타나는 고용구조 변화상의 특징이라 할 수 있는 현상은 직종에 상관없이 정보통신기기들을 이용하여 업무를 수행하는 근로환경이 조성되면서 모든 산업에 걸쳐 요구되는 근로자들의 업무에 대한 숙련도가 높아졌다는 것이다. 즉, 디지털경제환경하에서는 고숙련도 위주의 고용구조를 형성시키고 있다는 것인데 여러 나라의 고용성장률을 살펴보면 공통적으로 지식과 정보, 전문적 기술 등을 업무에 활용하는 전문직이나 고위 기술직, 그리고 서비스직의 고용성장률이 높게 나타나고 있다. 따라서 이러한 시장환경하에서 서비스업의 대표적인 업종 중 하나이면서, 인적자원에 대한 의존도가 가장 높은 산업 중 하나인 호텔관광산업의 향후 전망을 살펴보면, 전체적인 산업구조에서 차지하는 비중이 계속 증가할 것으로 예상된다.

산업간 고용구조 변화이외에도 산업 내 숙련도 향상도 디지털경제에서 나타나는 큰 변화 중 하나라고 할 수 있다. 디지털경제로 전환됨에 따라서 단순 인력보다는 전문성을 겸비한 고급인력에 대한 수요가 크게 증가하였다.

디지털경제에서 가장 중요한 요소는 정보와 지식인데 정보와 지식은 창출 속도가 빨라지면서 수명주기가 짧아지기 때문에 한 번 습득한 것으로 끝나는 것이 아니라 새로운 정보를 계속 창출하고 활용함으로써 부가가치를 창출할 수 있어야 한다. 또한, 기술의 융합화, 조직의 네트워크화가 진점됨에 따라 작업의 범위가 넓어지고 다양한 업무들을 수행해야 한다.

3) 임금의 변화

인적자원관리 부분에서 다루어지는 가장 중요한 부분 중 하나가 종업원들의 임금관리에 관한 부분인데, 디지털경제의 가속화와 함께 나타나는 중요한 변화 중 하나가 임금의 변화라고 할 수 있다. 특히, 호텔관광산업은 인적자원에 대한 의존도가 큰 산업이기 때문에 기업의 입장에서는 임금의 변화가 상당히 중요한 부분이라고 할 수 있다.

정보통신기술의 발전과 디지털경제로의 전환은 노동시장에서 중요한 변화를 야기하였는데 이는 근로자간의 임금격차에 관한 부분으로 전문성을 겸비한 고급인력과 그렇지 못한 종업원들사이에 임금격차가 점점 커진다는 점이다. 이렇게 같은 기업내에서 종업원들끼리 임금의 격차가 일어나는 원인 중 하나는 디지털경제환경의 가속화와 더불어 기업간의 경쟁이 심화되면서 기업에서는 내부인력에 대한 재교육이나 재배치를 통해 인재를 육성하기 보다는 일단, 모든 지식과, 기술, 그리고 노하우를 갖춘 인재를 외부 노동시장에서 비싼 임금을 주고 채용하기 때문에 근로자들간의 임금격차가 더욱 가속화되는 상황이다.

4) 생산성 향상

디지털경제하에서는 인터넷을 통해 정보의 흐름이 자유롭게 이루어지기 때문에 정보가 신속하고 효율적으로 사용된다. 전통적인 생산요소인 노동과 자본이 부가가치를 창출하는 것과 마찬가지로, 이제는 정보도 부가가치를 창출하는 중요한 요소로 작용하고 있다. 정보는 하나의 독립된 생산요소로서 기존의 노동과 자본을 보다 효율적으로 결합하는 역할을 함으로써 경제의 생산성을 향상시키고 있다. 디지털경제의 환경으로 전환되면서 호텔관광기업들도 정보통신기술 및 시설의 업그레이드를 통해 고객들에게 보다 좋은 품질의 서비스를 제공할 수 있게 된다.

4 서비스 산업의 성장 요인

최근 서비스 산업이 급속하게 성장하는 요인은 다양하지만 주요한 요인들로는 인터넷을 기반으로한 정보통신기술의 발전, 소비자 욕구의 다양화, 정보통신기술의 발전과 소비자 욕구의 다양화를 배경으로 한 새로운 서비스들의 등장, 글로벌화의 가속화 등을 들 수 있다. 또한, 이러한 요인들을 기반으로한 전통적인 산업사회에서 디지털경제로의 변화가 서비스 산업들의 비중을 크게 높이고 있다고 할 수 있다. 먼저, 전통적인 산업사회에서 디지털경제로 변화되면서 나타나는 여러 가지 변화의 내용을 살펴보면 다음 표와 같다.

표 2-2 산업사회와 디지털경제의 비교

	산업사회	디지털경제
변화동인	- 기계엔진(동력)	- 디지털 기술(정보처리), 인터넷
변화속도	- 점진적	- 급진전
변화주도	- 산업자본(신흥자본가)	- 지식과 정보(지식 근로자)
변화대상	- 경제에서 정치, 사회, 문화 등으로 확산 - 특정지역에서 세계로 확산	- 정치, 경제, 사회, 문화 등에 거의 동시에 영향 - 전세계에서 동시에 진행
핵심생산요소	- 노동, 자본	- 기술, 정보, 지식
고용	- man power - 평생직업 - 임금을 위한 노동 - 단순노동, 특화된 노동	- human capital - 평생직장(평생교육) - 소유를 위한 노동(스탁 옵션) - multi tasking
근무형태	- 고정된 근무시간	- 재택근무, 파트타임, 자유시간 근로제 등 유연성 증대
기업조직	- 수직적, 피라미드 조직 - 기능적이고 특화됨	- 수평적 조직, 인스턴트 조직 - 네트워크화
경영방식	- 명령, 통제 - 하향식의 의사소통	- 자기 관리 - 광범위하게 분산
생산방식	- 규모의 경제 - 대량생산으로 비용절감	- 다품종 소량생산, 재고 감축 - 네트워크화로 비용 절감
판매방식	- 대규모 시장과의 근접성	- 전자상거래를 통한 one to one marketing
산업구조	- 제조업 중심 - 생산자 중심	- 서비스업 중심 - 소비자 중심
산업조직	- 대기업 중심	- 중소벤처기업의 역할 증대
정부역할	- 계획 수립(시장 개입) - 규제	- 비전 제시(환경조성) - 조정

자료 : 박기홍 외, 2000, p.55.

1) 정보통신기술의 발전

지식과 정보를 창출하고 활용하는 활동이 기반이 되는 지식기반경제(knowledge based economy)의 기반에는 정보통신기술의 발전이라는 전제가 깔려 있다. 인터넷과 같이 전세계를 하나로 연결하는 네트워크와 더불어 여러 정보통신시설과 기기들이 중요한 역할을 수행하고 있다. 이러한 나날이 발전하는 정보통신기술의 발전은 경제, 사회, 문화 등 모든 분야에서 여러 가지 변화를 가져오고 있다. 그중에서도 경제분야와 관련된 변화가 가장 두드러지다고 할 수 있는데 경제의 모든 부분에서 정보화가 급진점됨에 따라 정보통신기기 및 서비스에 대한 수요가 지속적으로 증가하고 있다.

특히, 모든 산업에서의 서비스 부분에서의 변화를 주도하고 있다고 할 수 있는데, 환대산업의 경우도 예외는 아니어서 호텔, 항공사, 여행사, 렌터카 등 대부분의 분야에서 예약시스템 등 여러 가지 분야에서 변화를 주도하고 있으며, 이러한 변화로 인해 서비스와 관련된 부분은 급속히 성장하고 있다. 이러한 환대산업 뿐만 아니라 은행, 병원, 교육 등 모든 핵심적인 서비스에 있어서 정보통신기술의 발전이 미치는 영향은 절대적이며 모든 산업에 있어서 시간과 공간을 초월하게 만드는 스마트폰 등의 일반화로 인해 서비스 산업의 발전은 더욱 가속화 될 것으로 예측된다.

2) 소비자 욕구의 다양화

이전에 산업경제 시스템에서는 소품종 대량생산의 시스템이었기 때문에 소비자들의 욕구가 디지털경제의 환경과 같이 다양하지 못했지만, 디지털경제환경에서는 다품종 소량생산의 시스템이기 때문에 소비자들의 욕구가 매우 다양하다고 할 수 있다. 이렇게 다양한 소비자들의 욕구는 새로운 서비스에 대한 다양한 욕구로 나타나 서비스 산업의 성장에 큰 영향을 미친다고 할 수 있다.

3) 새로운 서비스의 등장

위에서 언급된 정보통신기술의 발전, 소비자 욕구의 다양화 등으로 인하여 이전에는 없었던 많은 새로운 서비스들이 등장하게 되었다. 특히, 정보통신기술을 기반으로한 여러 새로운 서비스들의 등장으로 서비스의 비중은 계속해서 증가하고 있다. 또한, 향후에도 계속해서 지금은 존재하지 않는 새로운 서비스들이 나타날 것으로 예상되기 때문에 서비스의 비중은 더욱 증가할 것으로 예상된다.

4) 글로벌화의 가속화

디지털 경제 환경하에서 가장 두드러진 특징은 정보화, 글로벌화, 서비스 산업의 비중 증가 등을 들 수 있다. 그 중에서 글로벌화는 자본집약적인 생산방식과 규모의 경제의 중요성 증대, 전 세계 소비자 취향의 동질화, 무역장벽의 감소 등으로 인하여 앞으로 더욱 가속화 될 것으로 예상된다. 이러한 글로벌화의 가속화는 항공 산업과 호텔관광산업 등의 수요를 증가시켜, 가장 규모가 큰 산업 중 하나인 호텔관광사업의 성장과 더불어 서비스업의 비중을 더욱 증대시킬 것으로 예상된다.

제3장

호텔 · 관광 서비스의 이해

1. 여행업
2. 호텔업

제3장 호텔·관광 서비스의 이해

1 여행업

1) 여행업의 이해

여행업의 시초에는 여러 가지 다양한 견해가 있지만 근대적인 여행업의 출현에 대해서 일반적으로 토마스 쿡(Thomas Cook)을 실질적인 여행업의 시초로 보는 견해들이 많이 있다. 토마스 쿡은 1845년 영국에서 본격적으로 여행업을 시작하였는데 초창기의 여행사는 철도, 버스, 기선표만을 판매하였으나 항공수단의 발달로 본격적인 여행업이 시작되었다고 할 수 있다.

1845년 영국에서 토마스 쿡사가 설립된 이후 1850년에 미국에서 아메리칸 익스프레스사가 설립되었으며, 아시아에서는 1912년 일본에서 일본교통공사(JTB: Japan Travel Bureau)가 설립되었다. 우리나라 여행업의 시초는 1912년 12월 일본국의 일본교통공사 조선지부가 설립, 운영된 것으로부터 시작되었다. 당시 일본교통공사의 주된 설립목적은 일본국에 외국인을 유치하고 내방객에게 편의를 도모해 주는 한편, 일본인들의 한반도 이민업무 그리고 식민지화를 위해 필요한 업무를 지원, 제공해 주는 데 그 목적을 두었다.

우리나라에 지부로 설립되어 운영되어 온 일본교통공사의 조선지부는 일본국의 침략야욕 확대와 함께 활발히 활동해 오던 중 1945년 8월 15일, 광복을 계기로 한국인 직원들이 재산과 관리일체를 인수받게 되었고, 같은 해 10월에는 조선여행사라는 이름으로 여행사를 설립, 운영하였다.

1949년 조선여행사는 사단법인 대한여행사로 개명하게 되었고 한국전쟁으로 업무가 일시 중단되었다가 1953년 휴전과 함께 12월 재발족되었다. 대한여행사는 1962년 발족된 한국관광공사에 1963년 2월 1일 흡수 · 합병되었으며, 1973년 6월31일 민영화됨으로써 현재의 대한여행사라는 명칭으로 우리나라 여행사의 효시가 되었다(변우희 외, 2002 : pp. 115~116).

최근 여행업은 여가시간의 증대, 소득의 증가, 교통수단의 발달 등으로 인하여 빠른 속도로 성장하고 있는 업종 중 하나라고 할 수 있다. 여행업의 개념에 대한 정의는 다양하지만 여행업은 일반적인 개념과 법률적인 개념으로 나누어서 생각할 수 있다. 먼저 법률적으로 살펴보면 관광진흥법상에서 여행업은 **여행자 또는 운송시설. 숙박시설 기타 여행에 부수되는 시설의 경영자 등을 위하여 당해시설이용의 알선이나 계약체결의 대리, 여행에 관한 안내 기타 여행의 편의를 제공하는 업**이라고 정의되고 있다. 일반적인 관점에서의 여행업을 정의해보면 여행업이란 운송시설. 숙박시설업자 등과 같이 여행자들을 대상으로 사업을 운영하는 시설업자와 이를 이용하게 될 여행자와의 중간의 위치에서 여행자를 위하여 예약 · 수배 · 알선 등과 같은 서비스를 고객들에게 제공하고 시설업자들로부터 일정한 비율의 수수료(commission)를 받는 사업이라고 할 수 있다.

2) 여행업의 특성

여행업의 특성은 다양한 관점에서 설명될 수 있지만 다른 업종과 비교해 볼 때 여행업만의 경영적인 특성을 종합적으로 살펴보면 다음과 같은 특성을 갖는다고 할 수 있다.

(1) 입지의존성

디지털경제의 도래와 그 중심에 있는 인터넷사용의 일반화로 모든 산업에서 오프라인(offline)에 대한 의존도가 줄어들고 온라인(online)에 대한 의존도가 급속하게 증가하고 있다. 이러한 경영환경 하에서도 여행사는 다른 업종과 비교해서 고객들이 찾기 쉬우면서도 고객의 눈에 잘 띄는 곳에 위치해야 한다는 특성을 갖는다. 그래서 대부분의 여행사는 대도시의 중심가에 위치하고 있다. 여행업에 있어서 입지의존적 특성이 중요시되는 이유는 여행사의 입장에서 고객들의 접근 용이성이 여행사의 매출에 직접적으로 영향을 미치기 때문이다. 특히, 아웃바운드의 경우 잦은 해외출장으로 항공권의 수요가 많은 기업체들이 밀집되어 있는 지역이나 여권 및 비자수속이 용이한 대사관 근처에 위치해야 보다 더 경쟁력을 가질 수 있다고 할 수 있다.

또한, 여행업은 다른 업종에 비해 신용이 중요시되는 업종이기 때문에 여행사의 위치와 규모가 신용도에 미치는 영향도 크다고 할 수 있다.

(2) 노동집약적 산업

여행업은 다른 서비스산업과 마찬가지로 인적자원에 대한 의존도가 매우 높은 노동집약적 산업이다. 이렇게 여행업이 노동집약적산업인 이유는 여행업의 주요업무로는 여행상품기획 및 개발업무, 상담업무, 수속대행업무, 예약 및 수배업무 등이 있는데 이러한 업무들이 여행업의 특성상 업무의 자동화가 이루어지기 어렵다. 또한, 여행업은 소비자들의 욕구가 다양하고 ,여행상품의 특성상 모방이 용이하기 때문에 제품들 간의 차별화가 어려워 결국 인적자원의 서비스가 상품의 품질을 결정하는 중요한 요소가 되기 때문에 다른 업종에 비해 상대적으로 인적자원에 대한 의존도가 매우 높다고 할 수 있다.

(3) 과당경쟁구조

여행업은 다른 업종에 비해서 상대적으로 소자본 창업이 가능하다. 따라서 계속해서 많은 업체가 생겨나기도 하고 문을 닫기도 한다. 그렇기 때문에 다른 업종에 비해서 시장진입장벽이 낮기 때문에 경쟁이 더욱 치열하다고 할 수 있다. 또한, 여행상품은 모방이 용이하기 때문에 특화된 상품이나 서비스 품질로 경쟁을 하는 것이 아니라 가격이 중요한 경쟁력이 되고 있기 때문에 더욱더 치열한 경쟁이 일어나고 있다고 할 수 있다.

(4) 계절적 수요탄력성

여행업은 계절적, 요일적, 시간적 요인 등에 의해 집중성이 강한 업종이기 때문에 성수기와 비수기의 수요탄력성이 매우 높다. 일반적으로 방학기간과 주말에, 계절적으로는 겨울보다는 봄 · 가을에 여행수요가 집중되어 있으며 국외여행은 자녀들이 방학을 하게 되는 여름과 겨울에 집중되는 현상을 보이고 있다. 여행사들은 여행상품의 가격차별화와 여행조건의 차별화 등을 통하여 수요의 탄력성에 적절하게 대처할 수 있는 여행상품의 개발이 필요하다.

(5) 신용사업

여행업은 유형의 상품이 아닌 무형의 상품을 판매하고 서비스를 제공하기 때문에 더욱 신용이 중시되고 있는 업종으로써 여행업의 특성 중 신용사업은 여행소재공급업자인 시설업자와의 신용관계와 소비자인 여행객과의 신용문제 두 가지로 나누어서 생각할 수 있다.

신용은 여행사의 사업성을 좌우할 수 있는 중요한 요소로써 소비자들은 여행상품을 구매할 때 선불로 여행경비를 지불하고 있으며 여행관련 소재업자도 여행사에 대한 신뢰성을 바탕으로 공급량을 조절하고 있기 때문에 여행사를 운영하는데 있어서 신용은 사업의 성공과 실패를 결정하는 가장 중요한 요소 중 하나라고 할 수 있다.

(6) 낮은 위험부담률

여행업은 다른 관광사업에 비해 고정자본의 투자가 적기 때문에 경영실패로 인한 위험부담률이 상대적으로 매우 낮다고 할 수 있다. 현재, 관광진흥법에 규정된 법적 자본금이 일반여행업 3억 5천만 원, 국외여행업 1억 원, 국내여행업 5천만 원 이지만 설립자본금은 사무실 임대보증금 등의 설비자본과 운영자금을 포함한 것이며, 등록신청 시 납입자본금을 증빙하기 위한 금액으로 볼 때 사무실 임대와 사무실 설치를 위한 집기, 비품과 사무기기 등을 갖출 수 있는 설비자본금만 가지고도 여행업을 개업할 수 있다. 또한, 여행상품도 대부분 주문생산방식이기 때문에 재고나 먼저 투자 할 것에 대한 염려를 하지 않아도 되기 때문에 타 업종에 비해 위험부담률이 낮다고 할 수 있다.

3) 여행업의 분류

여행업은 일반적으로 여행업의 사업범위와 대상에 따라 일반여행업, 국외여행업, 국내여행업으로 분류할 수 있다. 또한, 유통형태에 따라 모든 여행업무를 취급하는 종합여행사, 다른 여행사에 도매만을 취급하는 도매형 여행사, 소매업을 하는 소매형 여행사, 여행상품의 조성부터 판매까지 일괄적으로 취급하는 직판형 여행사로 분류 할 수 있다.

(1) 여행업법에 의한 분류

가) 일반여행업

일반여행업은 내국인의 국내여행과 국외여행(outbound tour)알선업무뿐만 아니라 외국인을 대상으로 국내여행을 유치하고 안내하는 업무(inbound tour)까지 수행하는 종합적인 여행업을 말한다.

나) 국외여행업

국외를 여행하는 내국인을 대상으로 하는 여행업을 말한다.

다) 국내여행업

국내여행업이란 내국인에게 국내여행상품을 개발하여 판매할 뿐만 아니라 이를 알선하고 안내하는 여행업을 의미한다. 즉, 국내를 여행하는 내국인을 대상으로 하는 여행업을 말한다.

(2) 유통형태에 의한 분류

가) 종합여행사

여행관련 공급업자가 제공한 단위상품들을 결합하여 하나의 완전한 여행상품으로 만들어 여행소매업자 및 일반여행객들에게 판매하는 여행사를 말한다.

나) 도매형 여행사

여행공급업자로부터 여행소재를 제공받아 직접 소비자에게 판매하는 것이 아니라 소매업자에게 판매하는 여행사를 말한다.

다) 소매형 여행사

여행도매업자가 생산한 여행상품을 제공받아 최종소비자들에게 판매하는 여행사를 의미한다.

라) 직판형 여행사

여행상품의 조성부터 판매까지 모두 자사에서 취급하는 여행사를 말한다.

2 호텔업

1) 호텔업의 개요

호텔의 어원은 라틴어의 Hospitale이라는 말에서 찾아 볼 수 있는데, 이 Hospitale이라는 단어에서 Hospital. Hostel. Inn 등으로 현대에 와서 Hotel이라는 말이 되었다고 할 수 있다. Hospital이라는 단어는 현재에는 병원이라는 의미로 사용되고 있지만, Webster' s Dictionary에서는 A place for shelter and rest for travelers로 여행자의 숙박과 휴식의 장소이며, 원시적 숙박시설의 기원을 의미하고 있다. 현대적인 의미로서는 A building or institution providing Lodging, Meals, and Service for the Public로 호텔은 숙박과 식사 및 서비스를 일반대중에게 제공하는 시설 혹은 그 건물 자체를 뜻한다고 볼 수 있다.

이러한 관점에서 본다면 호텔과 병원은 가장 밀접한 관련을 가지고 있으며, 병원과 호텔경영관리를 동일시하는 것도 이 때문이다. 한편 호텔업의 본고장인 영미법률에서 살펴볼 때, 일반법은 그 개념을 다음과 같이 설명하고 있다. 호텔이란 예절바르게 받은 접대에 대한 지불능력 및 준비가 되어 있는 모든 사람들에게는 시설의 여유가 있는 한 수용이 허락되며, 체재기간 및 보상의 율 등에 관한 약정없이 체재 중에 타당한 대가를 지불하면 식사·침실 등이 제공되며, 그 집을 임시적으로 가정으로 이용하는데 필연적으로 부수되는 서비스와 관리를 받을 수 있는 장소이다(A place where all who conduct themselves properly, and who, being able and ready to pay for their entertainment, are received, if there be accommodation for them, and who without any stipulated engagement as to the duration of their stay or as to the rate of compensation, are while their supplied at a resonable cost with their meals, lodging, and such services and attention as are necessarily incident to the use of the house as a temporary home).

2) 호텔의 분류

관광진흥법에서 제정한 관광숙박업의 분류와 호텔업과 관련된 정의는 다음과 같다.

(1) 법규에 의한 분류

호텔업은 관광호텔업. 수상관광호텔업. 한국전통호텔업. 가족호텔업의 4가지로 분류되고 있으며, 관광호텔업은 다시 종합관광호텔업과 일반관광호텔업으로 나눌 수 있다. 관광진흥법상에서 호텔업은 다음과 같이 정의된다. 관광객의 숙박에 적합한 시설을 갖추어 이를 관광객에게 제공하거나 숙박에 부수되는 음식 · 운동 · 오락. 휴양 · 공연 또는 연수에 적합한 시설 등을 함께 갖추어 이를 이용하게 하는 업

가) 종합관광호텔업

관광객의 숙박에 적합한 시설을 갖추어 이를 관광객에게 이용하게 하고 숙박에 부수되는 음식 · 운동 · 오락 · 휴양 · 공연 또는 연수에 적합한 시설 등(이하 부대시설이라 한다)을 함께 갖추어 이를 관광객에게 이용하게 하는

업을 말한다. 종합관광호텔업의 등록기준은 욕실 또는 샤워시설을 갖춘 객실이 30실 이상이어야 하며, 외국인에게 서비스제공이 가능한 서비스체제를 갖추어야 한다. 또한, 부동산의 소유권 또는 사용권이 있어야 한다.

나) 일반관광호텔업

관광객의 숙박에 적합한 시설을 갖추어 이를 관광객에게 이용하게 하거나 숙박에 부수되는 음식. 운동. 휴양 또는 연수에 적합한 시설을 갖추어 이를 관광객에게 이용하게 하는 업을 말한다. 일반관광호텔업의 등록기준은 욕실 또는 샤워시설을 갖춘 객실이 30실 이상이어야 한다. 외국인에게 서비스제공이 가능한 서비스체제를 갖추고 있어야 하며, 관광숙박시설 등에 관한 특별법의 규정에 의한 지정 숙박업자의 지정기준을 갖추고 있어야 한다.

다) 수상관광호텔업

수상에 구조물 또는 선박을 고정하거나 계류시켜 놓고 관광객의 숙박에 적합한 시설을 갖추거나 부대시설을 함께 갖추어 이를 관광객에게 이용하게 하는 업을 말한다.

라) 한국전통호텔업

한국전통의 건축물에 관광객의 숙박에 적합한 시설을 갖추거나 부대시설을 함께 갖추어 이를 관광객에게 이용하게 하는 업을 말한다.

마) 가족호텔업

가족단위의 관광객의 숙박에 적합하도록 숙박시설 및 취사도구를 갖추어 이를 관광객에게 이용하게 하거나 숙박에 부수되는 음식 · 운동 · 휴양 또는 연수에 적합한 시설을 함께 갖추어 이를 관광객에게 이용하게 하는 업을 말한다.

바) 휴양콘도미니엄업

관광객의 숙박과 취사에 적합한 시설을 갖추어 이를 당해시설의 회원 · 공유자 · 기타 관광객에게 제공하거나 숙박에 부수되는 음식 · 운동 · 오락 · 휴양 · 공연 또는 연수에 적합한 시설 등을 함께 갖추어 이를 이용하게 하는 업을 말한다.

(2) 규모에 의한 분류

호텔의 규모에 의한 분류는 일반적으로 소규모 호텔은 150실 이하, 중규모호텔은 150실 이상 300실 미만, 대규모 호텔은 300실 이상으로 구분하지만, 대부분의 호텔이 300실 이상의 대규모 형태로 호텔을 운영하고 있다.

(3) 입지에 의한 분류

가) 도시호텔

도시호텔(city hotel)은 비즈니스와 쇼핑 등의 목적으로 운영되는 도시의 중심가에 위치한 호텔로 상용과 공용 혹은 도시를 방문하는 관광객들이 많이 이용하고 있다.

나) 휴양지호텔

휴양지호텔(resort hotel)은 휴식. 보양. 여가를 목적으로 여행하는 관광객을 대상으로 하는 호텔로서 휴식과 심신을 단련할 수 있는 시설을 갖추고 관광객을 유치하고 있으며, 시설이나 규모가 대형화되고 있는 추세이다.

다) 터미널호텔

터미널호텔(terminal hotel)은 주로 공항. 철도역. 항구 주변에 위치한 호텔로서 교통수단을 이용하는 여행객들을 대상으로 하는 호텔이다. 이와 같이 터미널 호텔은 교통수단이 항공 · 선박 · 철도 · 버스 등이 출발하고 도착하는 곳의 부근에 위치하므로 관광객은 물론 교통기관의 승무원들이 자주 이용하게 되는 호텔이다.

(4) 숙박목적에 의한 분류

가) 상용호텔

상용호텔(commercial hotel)은 주로 도심지 및 상업지역에 위치하여 사업상 혹은 사교 등의 목적을 가진 투숙객 및 방문객을 대상으로 하는 호텔이다.

나) 거주형호텔

거주형호텔(residential hotel)은 보통 1개월 이상 장기체류객을 대상으로 하는 주택형 호텔을 말한다.

다) 카지노호텔

카지노 호텔(casino hotel)은 호텔 내에 부대시설로 도박시설(gambling)을 갖추어 놓고 도박을 위한 고객을 유치하는 호텔을 말한다.

3) 호텔의 기능

(1) 숙박 및 식음료 서비스 기능

거주지를 떠나 여행하는 사람들에게 고객의 능력과 취향에 따라 다양한 숙박 및 식음료 서비스를 제공하는 기능을 말한다.

(2) 비지니스 서비스 기능

상담 · 회의 · 전시 · 교역전 등의 장소를 제공하고 비즈니스를 위하여 호텔을 이용하는 고객들의 편의를 위한 비즈니스 정보교환과 비서 업무 등의 서비스를 제공하는 기능을 의미한다.

(3) 스포츠, 레저 기능

고객들에게 놀이 · 위락 · 기분전환 등의 정서함양을 위한 서비스를 제공하는 기능이다.

(4) 문화 서비스 기능

고객을 위한 부가적인 서비스로서 향상된 고객의 지적 수준과 다양해진 고객의 취미활동을 위하여 기본적인 기능 이외에 교육 · 예술 · 공예 · 학습 등의 문화적인 서비스를 제공하는 기능을 말한다.

4) 호텔업의 특성

(1) 인적자원에 대한 의존성

호텔산업은 다른 산업에 비해서 인적자원에 대한 의존도가 상대적으로 가장 큰 산업 중 하나라고 할 수 있다. 이러한 인적자원의 높은 품질의 서비스를 통해서 호텔의 상품이 생산되고 판매되면 고객만족을 최대화 할 수 있다. 호텔업은 다른 산업에 비해서 상대적으로 호텔기업들이 핵심역량을 보유하기가 어렵다고 할 수 있는데 이러한 상황에서 호텔기업들이 핵심역량을 보유하여 다른 기업에 비해서 경쟁우위를 확보하려면 서비스품질을 높여야 한다.

서비스 품질을 평가하는 기준은 여러 기준이 있지만 가장 일반적으로 사용되고 있는 PZB의 서비스 품질 평가기준인 유형성(tangibility), 신뢰성(reliability), 확신성(assurance), 반응성(responsiveness), 공감성(empathy)을 최대화 하기 위해서는 결국 인적자원의 서비스 품질이 호텔기업의 경쟁력을 좌우한다고 할 수 있다. 따라서 자동화나 기계화로 대체될 수 없는 산업의 특성을 가진 호텔산업에서는 인적자원에 대한 의존도가 매우 높다고 할 수 있다.

(2) 높은 초기 투자비용

호텔산업은 토지의 확보, 호텔건물의 건축, 내부시설 등을 완전히 갖추어서 사업을 시작해야하고 이러한 부분에 투자되는 비용이 상당히 높은 편이기 때문에 초기투자비용이 다른 산업에 비해서 매우 높다고 할 수 있다.

(3) 연중무휴 영업

호텔기업은 산업의 특성상 하루 24시간, 1년 365일 휴업하지 않고 사업을 해야 하는 특성을 가지고 있다. 따라서 다른 부분도 중요하지만 특히 인적자원관리가 다른 산업에 비해서 더욱 중요한 산업 중 하나라고 할 수 있다.

(4) 글로벌화된 산업

다른 산업에 호텔산업은 매우 글로벌화된 산업이라고 할 수 있다. 글로벌화(globalization)에 관한 정의는 다양하지만 일반적으로 세계경제시스템이 하나로 통합되는 현상을 보이는 것으로 정의할 수 있는데 정보통신기술의 발전, 무역장벽의 감소 등으로 인하여 국가별 국경에 관한 경계가 점점 약해지고 있는 상황에서 국제관광인구는 빠르게 증가하고 있다. 이러한 상황으로 인하여 글로벌화된 파워브랜드를 가진 Hyatt, Hilton, Marriott 등 규모가 큰 호텔기업들이 세계호텔산업에서의 점유율을 높이고 있으며, 산업전체적인 관점에서 보더라도 호텔산업은 다른 산업에 비해 상대적으로 글로벌화된 산업 중 하나라고 할 수 있다.

5) 현대 호텔의 발전 현황

미국의 호텔경영사에서 중요한 점은 제2차 세계대전 후 Sheraton과 Hilton의 등장이다. Hiton 호텔의 창업자인 Hilton은 Statler와 같이 작업의 능률화를 강조하면서 호텔을 새로 건립하기 보다는 기존의 호텔들을 매입하여 개조하며 초기투자비용을 최소화하면서 최대의 이익을 추구하였다. Sheraton 호텔의 창업자인 Henderson은 기존의 호텔을 매입하여 개보수하면서 호텔의 가치를 향상시켜나갔다. Sheraton 호텔은 현재 Starwood Hotels & Resorts Worldwide사에 인수되어 하나의 브랜드로 운영되고 있다.

한편, Holiday Inn은 Wilson에 의해 창업되었다. Wilson은 Statler이후 일반인들에게 싸고 편리한 숙박시설을 제공하면서 자동차 여행자들의 호텔 이용에 일대 혁신을 가져다 주면서 1976년에 25개국에 1,700여개의 모텔과 호텔을 운영하였다. 그중 약 20%는 직영이며 나머지는 프랜차이즈 형태로 운영하였다. Holiday Inn은 현재 프랜차이즈 경영회사인 Six Continents Group의 핵심 브랜드로서 전세계에 약 1,500개의 호텔을 운영하고 있다.

Hyatt 호텔은 1957년 Pritzker가 미국 로스앤젤레스 공항 부근의 소규모 호텔을 구입하여 개관하였는데 지금은 전세계에 걸쳐 200개 이상의 호텔이 분포되어 있다. Hyatt호텔의 등급종류는 Park Hyatt, Grand Hyatt, Hyatt Regency, Hyatt Resort의 4가지 형태이다. Marriott는 1957년 360개의 객실을 가진 모텔을 미국 워싱턴 D.C.에 개관하였다. 모텔의 디자인과 위치는 모텔업의 즉각적인 성공을 가져왔는데 이후 호텔임대, 인수. 합병 등을 통하여 오늘날 거대한 사업체로 성장하였다.

또한, 숙박업 뿐만 아니라 외식산업, 숙박산업, 레저산업, 여행업등의 사업다각화로 미국내 최대 관광업체로 성장하였다. 1995년에는 섹AP적인 브랜드 가치를 가진 Ritz Carlton을 인수하였고, 1997년에는 르네상스 호텔그룹을 인수하였다. 현재 Marriott Hotel Group은 Marriott Hotel, Suites by Marriott, Fairfield Inn, Residence Inn, Courtyard by Marriott의 세분화된 5개의 브랜드를 운영하고 있다.

미국 Arizona주 Phoenix에 본사를 둔 Bestwestern은 1946년 Guertin에 의해 창업되었으며, 전세계 약 80여개국에 4,000여개 이상의 호텔을 보유한 세계 최대의 호텔브랜드이다. 고급스러운 호텔체인은 아니지만 합리적인 가격과 일정수준 이상의 서비스를 제공하며 고객들의 신뢰를 높이고 있으며 매년 성장하는 추세를 보이고 있다.

한편, 우리나라의 호텔발전사를 살펴보면 우리나라 최초의 호텔은 1888년에 인천 서린동에 설립된 대불호텔이다. 벽돌로 지어진 객실 11실의 3층 건물이었으며, 당시 가장 고급으로 지어진 건물로 우리나라를 찾는 외국인을 수용하기 위한 양식호텔이었다. 그 후 근대에 들어서 1936년에 상용호텔인 반도호텔이 등장하였다. 반도호텔은 8층 콘크리트 건물로써 객실 111실을 보유하고 있었다. 1963년 경제개발시대에 건립된 워커힐호텔은 국제친선과 외화획득을 주목적으로한 주한 UN군의 휴양을 위한 리조트호텔로서 당시 동양최대의 호텔로 개관하였다.

그 후 정부의 호텔 민영화정책으로 1973년 워커힐호텔은 선경그룹에서 인수하였으며 미국의 Sheraton Group과 프랜차이즈계약을 맺고 증축하여 1978년 7월 신규호텔로써 Sheraton Walker Hill이 탄생하게 되었다. 그 후 1980년대에는 국민관광과 국제관광의 조화를 이룬 발전, 서비스수준의 향상, 국제회의 유치, '86아시안게임과 '88서울올림픽 등을 통하여 우리나라 호텔산업도 일대 도약을 하게 된다. 특히 이 시기에 국내 대기업들의 호텔사업 진출이 본격적으로 시작되었고, 국제적인 체인호텔들이 우리나라로 대거 진출하면서 호텔산업의 부흥기를 맞이하게 된다(최병호, 유도재, 2004, p.30~37을 기초로 정리).

6) 호텔의 경영형태

일반적으로 호텔의 경영형태는 단독경영호텔(independent management hotel), 체인호텔(chain hotel), 리퍼럴경영호텔(referral group hotel), 임차경영호텔(lease management hotel)등으로 분류할 수 있다.

(1) 단독경영호텔(Independent Management Hotel)

단독경영호텔은 위탁경영수수료와 브랜드 사용 수수료 등의 비용 지출이 필요하지 않고 현재호텔의 기업이미지 형성을 통한 마케팅이 가능한 장점이 있지만 글로벌한 차원에서의 인지도와 마케팅 등에서의 어려움이 있다.

(2) 체인호텔(Chain Hotel)

세계적인 브랜드를 보유한 체인호텔들은 오랜 기간 축적된 경영노하우를 바탕으로 수수료를 받거나 일정지분에 대하여 참여하는 형식으로 호텔을 운영한다. 체인호텔은 공동마케팅과 예약망 이용 가능, 규모의 경제를 이용한 비용절감, 브랜드의 활용 등의 장점이 있지만 경영의 독립성 상실, 계약기간에 대한 부담, 로얄티와 수수료 지급, 본사 브랜드 이미지에 따른 운영의 의존도 상승 등의 단점이 있다. 체인호텔은 위탁경영방식과 프랜차이즈운영방식으로 나눌 수 있다.

가) 위탁경영(Management Contract)

위탁경영방식은 소유주가 직접 호텔운영에 어려움이 있을 때 체인본부와 계약에 의해 모든 경영권을 넘겨주고 핵심적인 인적자원들이 경영호텔로부터 파견되어 위탁경영되는 방식이다. 위탁경영방식과 프랜차이즈의 차이점은 위탁경영은 호텔소유주의 경영권이 상실된다는 점이다. 위탁경영은 소유와 경영이 완전히 분리된 호텔의 운영형태로 호텔마다 차이는 있을 수 있지만 일반적으로 체인본사가 호텔 고정자산에 대한 투자 및 호텔경영에 관한 재무적인 위험부담까지 책임지는 형태로 소유자는 이익금만 가져가게 된다.

나) 프랜차이즈(Franchise)

프랜차이즈 경영은 위탁경영방식과 유사한 부분도 있지만 체인본부인 franchisor와 가맹점인 frnachisee의 관계가 서로 상호지원적인 관계라고 할 수 있다. franchisee는 franchisor의 상호 및 상표를 사용하고 일정정도의 로얄티(royalty)를 지급하는 경영방식이다. 프랜차이즈 형태의 호텔은 경영은 소유주가 하는 형태라는 점이 위탁경영 형태와 다른점이라고 할 수 있다. 프랜차이즈의 장점은 본사와 동일한 운영시스템과 브랜드의 사용, 표준화된 제품 제공, 온라인을 통한 중앙예약시스템의 활용, 종업원의 교육과 훈련에 대한 지원 등이 있다. 하지만, 프랜차이즈 가입비, 로얄티, 독자적인 상품개발 및 판매활동의 제한, 계약조건에 따른 법적 분쟁가능성 등의 단점이 있다.

(3) 리퍼럴경영호텔(Referral Group Hotel)

체인호텔들은 전문화된 경영을 통한 신규시장 개척, 중앙예약시스템 등을 활용해서 사업을 확장하였는데 이에 비해서 단독경영호텔은 현지화된 전략을 구사하지만 여러 가지 측면에서 한계점에 부딪혀 어려움을 겪게 된다. 이렇게 어려움을 겪는 단독경영호텔들은 프랜차이즈 호텔과 경쟁하기 위하여 상호협력을 목적으로 연합조직을 결성하였는데 이것이 리퍼럴 경영호텔이다. 리퍼럴경영호텔들은 체인 및 프랜차이즈 호텔들과 경쟁할 수 있고 글로벌한 공동예약시스템 등을 운영하여 경쟁력을 가질 수 있다. 또한, 호텔경영의 독립성을 유지하면서 공동마케팅등을 통하여 이윤을 추구할 수 있는 장점이 있다.

(4) 임차경영호텔(Lease Management Hotel)

임차경영호텔이란 토지 및 건물의 투자에 대한 자금조달능력을 갖추지 못한 호텔기업이 제3자의 건물을 계약에 의해서 임대하여 호텔사업을 운영하는 방식이다. 일반적으로 임차경영호텔은 건물내부에 대한 투자는 호텔기업이 부담하고 임차료는 사전에 결정된 일정한 액수를 소유주에게 지급한다. 임차경영의 장점은 호텔기업의 입장에서는 초기에 투자되는 많은 호텔건설비용을 들이지 않고 건물을 임대하여 호텔을 운영할 수 있는 장점이 있다. 건물 소유주의 입장에서는 경영성과와 상관없이 고정된 임대료 수입을 얻을 수 있는 장점이 있다.

제4장

고객만족과 서비스

1. 고객기대모델
2. 고객기대의 선행요인
3. 고객만족지표의 이해

제4장 고객만족과 서비스

고객만족(customer satisfaction)의 사고는 1980년대에 서비스경제의 중요성이 증대되면서 미국과 유럽에서 새로운 경영이념으로 자리잡게 되었는데, 미국의 GE사가 도입한 소비자 대응창구(answer center)와 서비스 품질의 향상으로 높은 경영성과를 올린 스칸디나비아 항공사의 사례가 많은 영향을 미쳤다고 할 수 있다. 고객만족의 창출과 유지를 위해서는 기업이 제공하는 제품 혹은 서비스의 높은 품질과 기능이 제공되어져야 하며 고객서비스기능이 차별화의 중요한 요인이 될 수 있다. 한편, 고객만족경영이란 기업이 경영을 함에 있어서 고객의 입장에서 객관적인 관점에서 고객이 완벽한 만족을 추구하며, 고객만족을 최종 목표로 삼고 전사적으로 그 성과를 향상시키는데 모든 경영활동을 집중하는 것을 의미한다.

1 고객기대모델

고객기대(customer expectation)란, 서비스 성과 판단에 이용되는 표준 및 준거로써 어떤 고객이 서비스를 제공받기 전에 그 성과에 대해서 가지고 있는 신념이라고 정의할 수 있다(이명식, 2004 ; p.77). 또한, 고객의 기대는 최고서비스(ideal service), 희망서비스(desired service), 최저서비스(adequate service), 허용구간(tolerance zone), 예상서비스(predicted service) 등의 5가지 수준으로 구성되어 있다.

1) 최고서비스 수준

최고서비스 수준(ideal service level)이란 서비스를 제공받고자 하는 고객이 기대할 수 있는 가장 최상의 서비스수준을 의미한다. 서비스가 이루어지기 전에 고객이 나름대로 원하고 있었던 부분은 물론 미처 깨닫지 못한 부분까지도 제공되어져 고객의 효익을 제고시켜주는 서비스수준을 의미한다.

2) 희망서비스 수준

희망서비스 수준(desired service level)이란 고객이 서비스를 제공받기 전 서비스 제공자로부터 받기를 희망하는 서비스의 성과 수준을 의미한다. 일반적으로 고객들은 최고서비스 수준의 서비스는 제공받기가 쉽지 않기 때문에 희망서비스 수준의 서비스를 제공받기를 기대하게 된다. 한편, 고객에 따라서는 최고서비스 수준과 희망서비스 수준이 일치하는 경우도 있을 수 있다.

3) 최저서비스 수준

최저서비스 수준(adequate service level)이란 고객이 불만족스럽게 생각하지 않고 받아들일 수 있는 최소한의 서비스 수준을 의미한다. 이러한 경우 고객들은 제공되고 있는 서비스에 대해 최소허용기대치만을 가지게 된다.

4) 허용구간

허용구간(tolerance zone)이란 고객이 서비스에 대한 가변성을 인정하고 수용하고자 하는 정도로서 희망서비스 수준과 최저서비스 수준 사이에 위치하는 구간을 의미한다.

그림 4-1 서비스 차원에 따른 허용구간

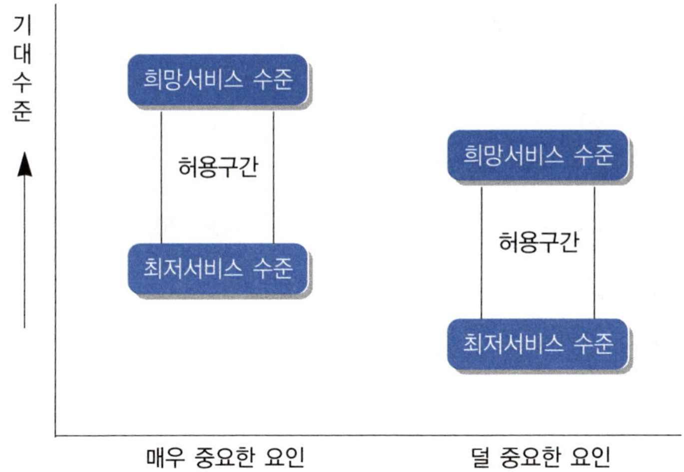

자료 : Berry, Leonard L, A. Parasuraman, and Valarie A. Zeithaml(1991), "Understanding Customer Expectations of Services," Sloan Management Review, 32(3), p. 42

고객들은 허용구간 내에서 서비스를 제공받게 되면 받아들이지만 제공되는 서비스가 최저서비스 수준보다 낮아서 허용구간 밖에서 서비스가 수행되면 불만족스럽게 생각한다.

또한, 제공되는 서비스가 희망서비스 수준을 넘어서서 허용구간 밖에서 제공되면 고객들의 만족도는 높아지게 된다. 허용구간은 서비스가 제공되는 상황 및 고객의 특성에 따라서 가변적이라고 할 수 있다.

5) 예상서비스 수준

예상서비스 수준(predicted service level)이란 고객들이 서비스를 제공받을 때 기대하는 서비스 수준으로 최고서비스 수준부터 최저서비스 수준까지의 범위에 걸쳐 있다.

그림 4-2 **고객기대 모델**

예를 들어, 어떤 고객이 음식점에서 주문을 해서 음식이 준비되어 나오는 시간이 5분 걸린다는 말을 들었을 때 최고서비스 수준은 5분 이내에 주문된 음식이 준비되는 것이지만 과거의 경험상 10분이나 15분이 소요될 수도 있

다. 이러한 경우, 고객의 예상서비스 수준은 5분 이내에 주문한 음식이 준비되면 최고의 서비스 수준의 서비스를 제공받는 것이지만 10분이나 15분 후에 음식이 준비될 수도 있기 때문에 서비스수준은 고객 자신의 기대에 맞추어 변경될 수 있다고 할 수 있다.

2 고객기대의 선행요인

Kurtz and Clow(1998)에 따르면 고객의 기대는 내부요인, 외부요인, 상황요인, 서비스기업요인 등에 의해서 영향을 받는다.

그림 4-3 고객기대의 선행요인

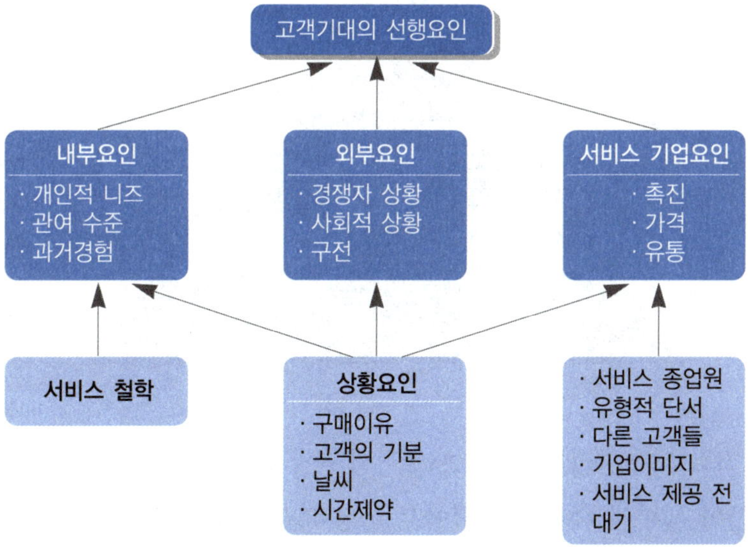

1) 내부요인

(1) 개인적 니즈

개인적 니즈는 Maslow의 욕구단계설(hierarchy of needs)에 근거하고 있는데, 그 내용은 인간의 행동에 높은 차원의 욕구가 영향을 미치기 이전에 그 보다 낮은 차원의 욕구가 완전하거나 부분적으로 충족되어져야 한다는 내용이다. 이러한 인간의 욕구는 생리적 욕구(physiological needs), 안전 욕구(safety needs), 사회적 욕구(social needs), 자기존중 욕구(self-esteem needs), 자아실현 욕구(self-actualization needs) 등으로 나누어진다.

그림 4-4 Maslow 인간의 욕구단계

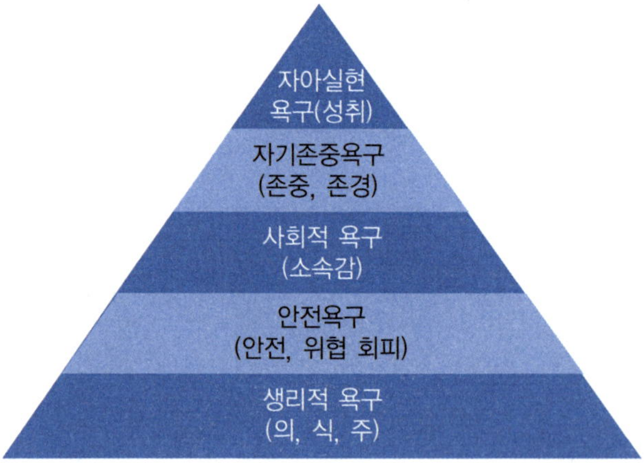

먼저, 가장 낮은 차원의 욕구는 생리적 욕구인데 생리적 욕구는 의식주와 같이 인간이 생활해 나가는데 있어서 가장 기본적인 욕구를 의미한다. 이렇게 생리적 욕구가 충족되면, 인간은 안전욕구를 가지게 되는데 안전욕구는

안전 및 위험 회피, 물리적인 손상으로부터의 보호와 관련된 욕구를 의미하며 그 다음 단계의 욕구는 어떤 집단에 소속하고자 하거나 가족을 이루고자 하는 등의 사회적 욕구이다.

그 다음 단계로 높은 차원의 욕구들인 자기존중욕구와 자아실현욕구 등이 있는데 자기존중욕구는 소속된 사회에서 지위를 가지고 자신을 존중하며 남으로부터 존경을 받고 싶어 하는 욕구를 말하며, 자아실현욕구는 인간이 자신이 이룰 수 있는 모든 것을 얻고자 하는 욕구를 의미한다.

(2) 관여수준

관여(involvement)는 인간이 어떠한 상황에서 특정행위를 할 때 가지게 되는 중요성이나 관심의 정도를 의미하는데 관여는 고객의 기대에 두 가지 효과를 가지고 있다. 첫째, 관여수준이 높아질수록 최고서비스와 희망서비스 수준과의 차이가 줄어들게 된다. 둘째, 관여수준이 높아질수록 허용구간의 폭은 줄어들게 되며 이러한 경우, 고객들은 서비스 제공사항에 변동이 생기면 예민해지게 되어 덜 관용적이게 된다.

(3) 과거경험

서비스에 대한 고객의 기대에 영향을 미치는 가장 중요한 요인은 고객의 과거경험이라고 할 수 있다. 과거경험에는 특정 서비스 제공자와의 경험, 같은 산업내의 다른 서비스제공자와의 경험 및 유사한 서비스에 대한 경험 등이 포함된다고 할 수 있다.

2) 외부요인

고객기대의 선행요인 중 외부요인들로는 경쟁자 상황, 사회적 상황, 구전 커뮤니케이션 등이 있다.

(1) 경쟁자 상황

고객들의 서비스 기대수준은 같은 산업내의 경쟁자의 상황에 의해서 영향을 받게 되는데, 예를 들어 같은 산업내의 다른 경쟁기업이 서비스의 가격을 인하한다면 다른 경쟁기업들도 가격을 인하하거나 다른 촉진수단을 사용하게 된다. 또한, 경쟁은 같은 산업내의 다른 경쟁자들하고만 하는 것이 아니라 다른 산업의 대체가능한 경쟁자들과도 일어나게 된다.

(2) 사회적 상황

고객들이 처한 사회적 상황도 서비스에 대한 기대수준에 영향을 미치게 되는데, 고객들은 자신들이 조금 더 신경 쓰는 사람들과 함께 있을 때 서비스 기대수준이 증가하게 되며 허용구간은 상대적으로 줄어들게 된다.

(3) 구전 커뮤니케이션

구전 커뮤니케이션(word-of-mouth communication)은 고객들의 기대형성에 큰 영향을 끼치게 되는데 특히, 서비스는 경험품질 혹은 신용품질의 특성을 가지고 있기 때문에 다른 사람의 의견을 요청하는 경우가 많이 발생한다. 특히, 구전 커뮤니케이션은 서비스에 대한 최고수준과 희망수준을 형성하는데 많은 영향을 미치게 된다.

3) 상황요인

상황요인은 정상적인 상황에서의 일시적인 변화로 구매 이유, 고객의 기분, 날씨, 시간의 제약 등이 있다.

(1) 구매이유

구매이유는 서비스에 대한 고객의 기대에 많은 영향을 미치는데 예를 들어, 호텔을 선택할 때 그 선택이유가 무엇인가에 따라 고객들의 기대는 크게 달라지게 된다.

(2) 고객의 기분

고객의 서비스 제공 당시 기분은 서비스에 대한 기대에 많은 영향을 미치게 되는데 고객의 기분이 좋을 때는 서비스제공자에 대해서 보다 관용적이기 때문에 허용구간의 범위가 보다 커지게 되고 최조서비스 수준도 보다 낮아지게 된다. 반면, 고객의 기분이 좋지않을 때는 위와는 반대로 허용구간도 작아지며 최저서비스 수준도 올라가게 된다.

(3) 날씨

날씨도 고객의 서비스기대에 영향을 미치는데 날씨가 좋을 때와 나쁠 때 고객들은 서비스에 대한 기대수준이 다르게 나타나게 된다. 서비스에 대한 희망수준은 동일하지만 날씨가 나쁘면 서비스 예상수준은 낮아지게 된다.

(4) 시간의 제약

시간의 제약성(time constraints)도 고객의 기대에 영향을 미치게 되는데, 예를 들어 급하게 인쇄물을 맡긴 고객의 경우, 예상기대수준은 낮아지게 되면 허용구간의 범위도 넓어지게 된다. 이와 같이 시간적으로 제약이 있는 서비스의 경우 고객들도 정상적인 상황에서 기대할 수 있는 서비스 수준을 그 시간의 제약성에 맞추어 변경시키게 된다.

4) 서비스기업요인

고객기대에 영향을 미칠 수 있는 서비스기업요인들로는 촉진, 유통, 가격, 서비스종업원, 다른 고객들, 유형적 단서, 기업이미지, 서비스제공전 대기 등이 있다.

(1) 촉진

고객들은 광고나 판매촉진 등을 통한 기업의 촉진전략에 의해서 그 기업에 대한 예상서비스수준을 형성하게 되는데 이에 따라 고객들은 희망서비스수준, 최저서비스수준, 허용구간 등을 변경시킬 수 있다.

(2) 유통

브랜드자산이 구축되어 있고 복수의 유통체인점을 가지고 있는 기업들이 제공하고 있는 서비스는 고객들의 예상기대를 강화시키고 있다. 고객들은 그 서비스기업의 각 점포에서는 거의 비슷한 수준으로 서비스를 제공받을 것으로 기대하게 된다.

(3) 가격

일반적으로 가격이 높을수록 고객들의 서비스에 대한 기대도 높아지게 되고 허용구간도 좁아지게 된다. 또한, 가격에 있어서 경쟁기업 및 대체안에 따라 고객의 기대도 변화하게 되며 예상서비스수준은 가격과 정비례하지만 허용구간의 범위는 반비례하는 경향이 나타나게 된다. 다시 말하면 가격이 높을수록 고객들의 최저서비스 수준은 올라가고 허용구간도 좁아지게 된다.

(4) 서비스 종업원

서비스 종업원의 고객에 대한 응대 및 대화는 그 서비스를 제공받고 있는 고객들의 기대수준에 영향을 미치게 된다.

(5) 다른 고객들

고객의 기대는 다른 고객들에 의해서도 영향을 받게 되는데 다른 고객들이 어떻게 서비스 제공을 받는지 관찰함으로써 자신이 받을 서비스의 수준을 기대하게 된다. 또한, 다른 고객들이 고객기대에 미치는 또다른 영향은 서비스에 대한 수요를 나타내 보이는 것이라 할 수 있는데 예를 들어, 어떤 음식점에서는 많은 사람들이 음식을 주문하기 위해서 줄을 서서 기다리는 것을 보는 경우 그 서비스에 대한 기대수준은 높아지게 된다.

(6) 유형적 단서

서비스의 유형적 단서에는 서비스 시설의 내부. 외부 모양, 배치된 가구, 서비스에 사용될 설비, 인테리어, 청결도 등이 포함된다. 이러한 유형적 단서에 의해 고객들의 기대수준은 영향을 받게 된다.

(7) 기업 이미지

고객들이 서비스 제공 기업에 대해서 좋은 이미지를 가지고 있으면 그 기업에서 제공되는 서비스의 기대도 크고 그렇지 않으면 서비스에 대한 기대수준도 낮아지게 된다.

(8) 서비스제공 전 대기

고객들은 나름대로의 기준을 가지고 대기시간을 예상하게 되며 예상보다 실제 대기시간이 길어지게 되면 고객은 그 서비스에 대해서 덜 관용적이게 된다.

사례

스타일을 중요시하는 W호텔

고전적인 호텔의 이미지를 깨고 업계에 신선한 바람을 불러일으킨 W호텔은 도시적인 이미지의 스타일이 살아있는 곳이다. W호텔은 보다 특별한 것을 원하는 신세대 비즈니스 여행객들의 취향을 공략했고 그 전략은 성공적으로 들어맞았다. 대중에게 선보인 지 5년 만에 독특한 스타일을 내세우며 부티크 호텔이라고 까지 불리게 되었다. W호텔은 웨스틴, 쉐라톤, 포 포인츠 드의 호텔 그룹을 소유한 Starwood and Resorts World에 속한 새로운 개념의 호텔이다. 업계의 치열한 경쟁속에서 처음부터 도회적인 라이프스타일과 첨단 시설이 조화된 새로운 환경에 초점을 맞추었다.

W호텔이라는 특이한 이름은 w라는 글자에서 시작한다. 따뜻한(warm)분위기, 훌륭한(wonderful)시설, 위트(witty) 있는 디자인과 첨단 시설을 완전히 갖춘(wired)호텔이 보내는 환영(welcome)의 메시지, 그것이 바로 W호텔이다. 최초의 W호텔은 전형적이고 전통적인 개념의 호텔을 거부하고 새로운 움직임을 창조하는 비전을 기반으로 1998년 12월에 뉴욕에서 문을 열었다. Starwood 계열 최

사례

초의 스타일 호텔인 W뉴욕의 로비는 오픈한지 2주만에 레스토랑과 바를 찾는 고객으로 가득 찼다. 고객들의 폭발적인 반응은 대단해서 출입구에서 호텔 객실키를 확인하는 방법으로 방문객의 출입을 제한해야할 정도였다. W호텔은 현재 뉴욕에 5개, 전미 대륙에 16개, 시드니에 1개가 있으며, 멕시코시티, 몬트리올, 서울에 오픈을 앞두고 있다. 세계의 모든 W호텔에서는 발을 들여놓는 순간 각각 위치한 도시와 조화된 W만의 스타일을 느낄 수 있다. W호텔의 디자이너들과 각 지역 최고의 디자이너들이 함께 모여 브랜드의 이미지를 유지하면서도 지역의 특성을 최대한 살린 디자인을 만들기 때문이다.

예를 들어, W시드니는 과거 양털 창고였던 항구의 건물을 개조해 세련된 디자인의 호텔로 만들었다. 붉은 유리벽으로 장식된 로비에 물결모양의 철강과 원목으로 된 빌딩 구조가 그대로 드러난다. 바닥에서 천장까지 이어지는 통유리창에는 항구가 그대로 내다보인다. 원형 카펫으로 편안한 분위기를 만들어 이 건물의 과거 이미지를 살려 푹신한 양털 안락의자를 배치해 놓았다. W뉴욕의 오아시스 로비는 땅, 바람, 불, 그리고 물 등의 자연 요소에서 영감을 얻었다. 투숙객들이 폭포를 둘러싼 드라마틱한 유리벽을 거쳐 내부로 들어오게 디자인 된 로비가 이를 단적으로 보여준다. W호텔 로스앤젤레스에 들어서면 서리가 내린 듯한 유리 계단을 지나 조명이 있는 폭포를 거쳐 가게 되어 마치 물위를 걷는 듯한 느낌이 든다.

W호텔 시카고 레이크쇼어는 간결한 젠 스타일의 장식이 압도적이다. W호텔의 객실은 비즈니스맨의 필요를 충족시키기 위한 최상의 엔터테인먼트 시스템과 첨단 시설을 갖추고 있다. 예를 들어, W로스앤젤레스는 기업 회의시에 오감을 자극해 능률과 의욕을 향상시키기 위해 고안된 감각적인 룸세팅을 제공한다. 무드 있는 배경음악을 깔고 아로마테라피를 이용해 회의실의 분위기를 상쾌하게 하는 식이다. 또한, 각종 과일, 민트가 우러난 물과 새콤한 알사탕 등을 항시 비치하고 있다. 참석자들을 안정시키는 용도로 W스트레스 볼, 핀 임프레션과 숫자 퍼즐 등도 제공된다. W호텔의 객실은 다양한 영화와 주문형 비디오, 초고속 인터넷 등의 서비스가 제공될 뿐만 아니라 팩스 송수신과 스피커폰 기능을 갖춘 전화도 설치되어 있다. 그러나 객실의 본질은 휴식에 있음을 W호텔은 잊지 않는다. 고객들이

사례

조용하고 아늑한 분위기에서 쉴 수 있도록 디자인된 W호텔의 객실은 포근한 안식처를 컨셉으로 한다. 객실마다 거위털로 채워진 린넨 이불과 베개, 커다란 책상, 간단한 음료와 스낵이 준비되어 있다.

W호텔은 스타일과 시설 못지 않게 세심하고 개별화된 서비스를 중요시한다. W호텔은 고객이 원한다면 무엇이든지(whatever), 언제든지(whenever) 서비스 한다는 W철학을 가지고 있다.

자료원 : 한국경제신문, 2003년 4월 21일.

3 고객만족지표의 이해

고객만족도는 고객이 거래한 제품이나 서비스에 대해서 거래 및 이용시의 체험을 근거로 하여 어느 정도 만족하는가를 측정하고, 만족하는 각 요소에 대해서 고객의 평가를 측정하는 것이라고 할 수 있다. 현재의 고객만족도 수준을 이해하고 어떠한 개선활동을 추진할 것인가를 검토하기 위해서는 고객의 가치기준에 기반을 둔 조사에 의해 도출된 고객만족도지수(customer satisfaction index : CSI)를 측정하고, 이를 위해 핵심이 되는 질문 항목이 무엇인지를 파악해야 하며, 설문의 대상자를 선정함에 있어서도 유의해야 한다. 고객만족 측정의 목적은 고객만족도를 제고하기 위한 개선활동이기 때문에 실제 고객만족도지수를 산출하는 과정에서 종합적인 만족감을 상승시키는데 크게 기여하는 요인이 무엇인지를 알아야 하며 측정결과를 기본으로 하여 직원들이 어떻게 해야 할지를 스스로 생각해보도록 해야 한다. 고객만족도 조사를 위해서는 계속성의 원칙, 정량성의 원칙, 정확성의 원칙 등이 필요하다고 할 수 있다(김연성 외, 1999, p.208).

1) 계속성의 원칙

고객만족도 조사를 특정 시점에 한 번 실시하는 것으로는 고객만족도 제고를 위해서는 부족하며, 지속적으로 고객만족도를 조사하여 이 결과를 체계적인 개선활동에 반영하는 것이 필요하다.

2) 정량성의 원칙

고객만족도 조사에서 중요한 것은 이전과 비교해서 어느 정도 개선되었는지를 파악하는 것이 중요한 목적이기 때문에 비교의 기준이 제시된다. 따라서 일정한 시기에 일정한 방법에 의해서 계속적으로 조사를 실시하는 것이 중요하며 시계열적인 비교가 가능해지면 고객만족의 상황과 문제점을 파악할 수 있다.

3) 정확성의 원칙

또한, 위에서 언급된 계속성의 원칙과 정량성의 원칙과 더불어 조사대상자의 표본이 적합한지, 조사항목이 경영상황을 충분히 반영하는지, 조사방법이 적절한지 등에 대한 원칙도 매우 중요한 부분이라고 할 수 있다.

제5장

서비스 품질관리

1. 서비스 품질의 이해
2. 서비스 품질 차원
3. 고객만족과 서비스 품질 업그레이드
4. 품질비용의 이해

제5장 서비스 품질관리

서비스 기업의 경우 품질관리를 통해서 기업의 경쟁우위를 확보해야 하며, 이를 통해서 산업내에서 지속적으로 성장할 수 있는 기회를 마련할 수 있다. 이러한 서비스 품질관리를 위해서는 먼저, 서비스 품질을 측정하는 일이 선행되어야 하는데 서비는 제품과 달리 품질을 측정하는데 여러 가지 어려움이 생길 수 있다(김연성 외 1999, p.479).

이렇게 서비스 품질을 측정하는데 부딪히는 어려움은 첫째, 서비스 품질의 개념이 주관적이기 때문에 객관화하여 측정하기 어려우며, 모든 경우에 적용되는 서비스 품질을 정의하기는 매우 어렵다. 둘째, 서비스 품질은 서비스이 전달이 완료되기 이전에는 검증되기가 어려운데, 이것은 서비스의 특성상 생산과 소비가 동시에 이루어지기 때문이다. 셋째, 서비스 품질을 측정하려면 고객에게 물어봐야 하는데 고객으로부터 데이터를 수집하는 일이 시간과 비용이 많이 소요되며 회수율도 낮은 편이기 때문에 서비스 품질 측정에 어려움이 있다. 넷째, 자원이 서비스 전달과정 중에 고객과 함께 이동하는 경우에는 고객이 자원의 흐름을 관찰할 수 있는데, 이러한 점은 서비스 품질의 객관성을 저해할 수 있다. 마지막으로 고객은 서비스 프로세스의 일부이며, 변화를 일으킬 수 있는 중요한 요인이기도 하다. 따라서 고객을 대상으로 하는 서비스 품질의 연구 및 측정에 본질적인 어려움이 있다고 할 수 있다.

1 서비스 품질의 이해

기업의 품질은 그 기업의 경쟁력을 좌우하는 매우 중요한 부분이라고 할 수 있는데, 품질경영과 관련하여 최근 까지 여러 기업과 연구자들에 의해서 여러 발전과정의 단계를 거쳐 왔으며 이러한 품질경영에 관한 발전과정을 통해서 전통적 품질경영과 현대적 품질경영을 비교하면 다음과 같다.

표 5-1 품질경영관점의 비교

전통적 품질경영의 관점	현대적 품질경영의 관점
- 대응형(reactive)	- 선행형(proactive)
- 검사 중심	- 예방 중심
- AQL(Accepted Quality Level)이 표준	- Zero Defect가 표준
- 제품 중심(product-oriented)	- 과정 중심
-일정 최우선	- 품질 최우선
- 품질과 비용의 양자 택일	- 품질과 비용의 동시 추구
- 품질의 대상은 작업	- 개발에서부터 서비스까지 관여 함
- 품질비용에 대한 대략적 짐작	- 품질비용에 대한 공식적인 조사
- 품질은 품질부문의 문제	- 품질은 기업의 전 부문의 문제임
- 규격에 적합하면 됨	- 지속적인 개선이 요구됨
- 품질은 기술적 문제임	- 품질은 경영의 문제임

자료 : 김연성 외, 1999, p.31

특히, 재화와 비교해서 서비스는 무형성, 이질성, 생산과소비의 동시성 등의 특성으로 인해 품질의 평가가 더 어렵다고 할 수 있다. 이러한 어려움 때문에 소비자는 서비스의 품질을 평가할 때 다른 단서(clue)나 과정(process)에 의존하는 경향을 나타낸다. 또한, 서비스는 탐색품질(search quality) 속성을 거의 없고 경험품질(experience quality) 속성을 많이 가지고 있다. 고객이 서비스를 평가할 때 기대가 매우 중요한 역할을 하기 때문에 마케터는 이러한 기대를 형성하는 요인을 이해할 필요가 있는데 실질적으로 고객의 기대에 영향을 미치는 요인 중에는 통제 가능한 요인보다 통제 불가능한 요인이 더 많다고 할 수 있다.

제품 및 서비스에 대한 품질평가는 탐색품질(search quality), 경험품질(experience quality), 신용품질(credence quality) 등으로 나눌 수 있는데, 제품의 경우는 탐색품질의 특성이 강한 반면 서비스는 경험품질과 신용품질의 특성이 강한 특성을 가지고 있다.

1) 품질의 평가

(1) 탐색품질

제품이나 서비스를 구매하기 전에 소비자들이 평가할 수 있는 속성을 말하는 것으로, 모양, 느낌, 가격 등과 같은 항목을 포함하고 있다. 컴퓨터, 냉장고 등과 같은 소비재(consumer goods)와 원자재, 부품 등과 같은 산업재(industrial goods)들은 제품을 구매하기 전 소비자들이 그 품질을 평가할 수 있기 때문에 탐색품질(search quality)의 속성이 강한 편이라고 할 수 있다.

(2) 경험품질

경험품질(experience quality)은 소비자들이 소비중이거나 소비한후에야만 평가할 수 있는 속성으로 경험을 통해서야만 그 품질을 인지할 수 있게 된다. 식사나 성형수술 등은 경험품질의 속성이 강한 서비스 상품이라고 할수 있다. 또한, 호텔, 항공사, 여행사 등의 서비스들도 경험을 통해서만 서비스의 품질을 평가할 수 있는 대표적인 산업들이라고 할 수 있다.

(3) 신용품질

신용품질(credence quality)이란 서비스 종류후에도 그 평가가 힘든 속성을 가지고 있는 서비스들이 포함된다고 할 수 있는데, 교육, 의료, 회계 서비스 등이 포함된다고 할 수 있다.

탐색품질, 경험품질, 신용품질 등과 관련된 표는 아래와 같다.

표 5-2 제품 및 서비스의 특성

품질	정의	소비자대상	기업대상
탐색품질	구매 전 평가될 수 있는 것	구두, 청바지, 냉장고, 컴퓨터, 휴대폰	원료, 부품, 사무용품, 공구
경험품질	소비 중이거나 소비가 끝난 후에만 평가될 수 있는 것	음식, 오락, 성형수술	사무실관리, 운송
신용품질	서비스 수행후에도 평가하기 어려운 것	회계서비스, 교육, 병원서비스	컨설팅, 광고, 보험

2) 과정품질과 기술적 결과품질

고객들은 제공되어진 서비스의 기술적 결과에 대한 인식과 그 결과가 어떤 과정을 거쳐 제공되었는지를 기반으로 해서 서비스품질을 판단하게 된다. 예를 들어, 병원에서 제공되는 의료서비스에 대한 기술적 결과품질은 환자들의 병을 완쾌시켜주는 일이다. 의료서비스의 과정품질은 의사의 시기적절한 치료, 의사 및 간호사들의 고객들에 대한 이해, 정중한 응대, 그리고 환자들의 이야기를 듣는 태도 등을 생각해 볼 수 있다. 만약, 고객들이 음식점에 갔을 때 기술적 결과품질이, 제공된 음식이라면 과정 품질은 음식제공절차 및 방법, 종업원들의 응대 태도라고 할 수 있다.

만약, 서비스가 어떤 구체적인 결과를 가지고 있다면 고객들은 그 결과에 의거해서 그 서비스의 효과를 판단하게 된다. 그러나 일반적으로 서비스는 제품에 비해서 상대적으로 매우 복잡하여 뚜렷한 결과가 항상 명백하게 나오는 것이 아니다. 이러한 상황에서 서비스제공자의 실제 능력이나 그 결과의 유효성등으로 나타나는 서비스의 기술적 품질은 고객들이 쉽게 판단할 수 없게 된다. 심지어 어떤 경우, 고객들은 제공된 서비스가 제대로 수행되었는지의 여부 조차 모르는 경우가 있다. 많은 서비스의 경우 고객들은 자신들이 지불하는 비용에 대해서 의문을 품게 된다.

따라서 고객들은 자격을 소지하고 훌륭한 기술을 갖는 것 이외에도 서비스제공자가 대인관계를 제대로 할 수 있는 능력을 가졌으면 하고 바라게 된다. 즉, 고객들이 제공된 서비스 결과의 기술적 품질을 효과적으로 판단할 수 없다면 그들은 문제해결능력, 고객과의 공감능력, 고객에 대한 정중한 태도, 약속이행수준 등과같은 서비스의 과정품질 차원에 따라 서비스품질에 대해서 자신들의 판단을 내리게 되는 것이다(이명식, 2004, p.112-113).

2 서비스 품질 차원

서비스 품질 차원과 관련하여 많은 연구자들은 서비스의 품질이 단일차원의 개념이 아닌 여러 요인들에 의해서 평가가 이루어져 왔다고 생각했다. 이렇게 서비스 품질 차원과 관련된 연구들이 진행되다 1985년 Parsuraman, Zeithmal, Berry 등의 학자에 의해서 아래와 같이 10가지 차원의 서비스 품질 평가 기준이 제시되었다.

표 5-3 서비스 품질의 10가지 평가 차원

서비스 품질 차원	정의
신용도	서비스 제공자의 솔직함, 믿음성, 신뢰감
안전성	위기, 위험, 의심제거
접근성	접근가능성 및 용이한 접촉
커뮤니케이션	고객들의 말을 청취하고 그들이 이해할 수 있도록 의사전달하기
고객 이해하기	고객 및 그들의 니즈를 알려고 노력
유형성	물리적 시설, 장비, 종업원들의 모습
신뢰성	약속한 서비스를 믿음직스럽고 정확하게 수행하는 능력
반응성	고객에게 도와 주고 신속한 서비스를 제공
능력	서비스 제공에 필요한 지식과 기술을 보유
예절성	서비스 접촉 종업원의 정중함, 존경심, 신중함, 친절함

그러나 서비스 품질의 10가지 차원들이 상호간에 중복되는 부분이 있고 그 내용을 명확하게 구별하기 힘들다는 의견 등에 따라 PZB(1988)는 1985년 자신들의 연구를 보다 정교하게 만들고 상호간에 중복되는 부분들을 5가지 차원으로 다음과 같이 통합하였으며, 최근, 서비스 품질과 평가에서는 이 5가지 차원이 널리 사용되고 있는 상황이다.

1) 유형성

유형성(tangibility)은 물리적 시설, 장비, 종업원, 사용되는 커뮤니케이션 자료 등의 외형을 의미한다. 호텔의 경우, 호텔의 외형을 의미하며 호텔산업의 특성상 일반적으로 이렇게 서비스 품질 평가 차원에서 유형성에 대한 소비자들의 평가가 포함된다는 것을 인지하고 있기 때문에 청결하고 화려한 이미지를 구축한다고 할 수 있다.

2) 신뢰성

신뢰성(reliability)이란 약속한 서비스를 정확하게 제공하는 능력을 말하는데, PZB(1988)에 의하면, 미국에서 신뢰성이 서비스품질 차원 5가지 중에서 서비스품질에 대한 고객들의 인식을 결정하는데 있어서 가장 중요한 요소로 작용되고 있다고 한다.

3) 반응성

반응성(responsiveness)은 고객을 도와주고 신속한 서비스를 제공하고자 하는 의지를 의미한다. 반응성은 고객들의 요구, 질문, 불평 및 문제를 처리하는데 있어서 관심과 신속성을 강조한다.

4) 공감성

공감성(empathy)이란 고객을 개별화시켜 이해하려는 노력으로 접근의 용이성과 서로 커뮤니케이션이 잘 이루어지는 것이 포함된다.

5) 확신성

확신성(assurance)은 종업원들의 지식과 정중함, 그리고 기업과 종업원들이 불러일으키는 믿음직스러운 모습을 의미한다.

그림 5-1 서비스 품질의 차원

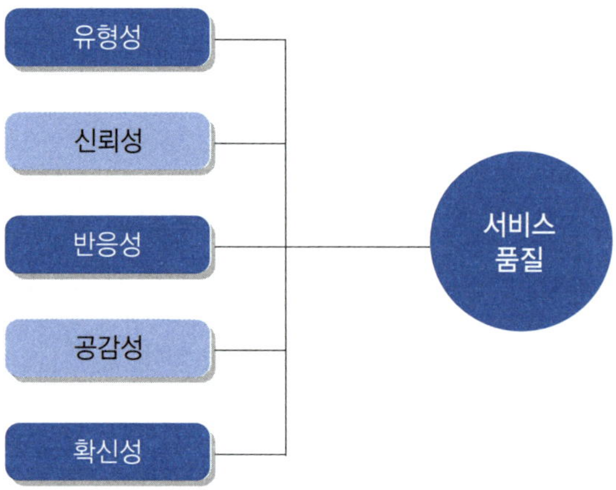

표 5-4 서비스 품질차원의 변화

PZB(1985)	PZB(1988)
유형성(tangibility)	유형성(tangibility)
신뢰성(reliability)	신뢰성(reliability)
반응성(responsiveness)	반응성(responsiveness)
고객이해(understanding)	
접근성(access)	공감성(empathy)
커뮤니케이션(communication)	
안전성(security)	
신용도(credibility)	확신성(assurance)
능력(competence)	
예절성(courtesy)	

3 고객만족과 서비스 품질 업그레이드

고객만족(customer satisfaction)이란 고객의 필요와 욕구에 의해 생겨난 기대를 충족시키거나 초과할 때 만족이 발생하고 반대로 고객의 기대를 충족시키지 못할 때 불만족이 발생하는 것을 의미한다. 한편, 서비스 품질을 평가하기 위해서 고객들은 고객들이 받은 서비스를 서비스를 제공받기 전 기대했던 서비스와 비교하게 된다. 만약, 제공받은 서비스의 수준이 기대했던 서비스 수준보다 높으면 만족도가 올라가고, 반대로 제공받은 서비스 수준이 기대했던 서비스 수준보다 낮으면 만족도는 낮아지게 된다.

PZB는 갭(gap)이란 소비자가 서비스기업이 제공해야 한다고 느끼는 서비스와 소비자 서비스 기업의 서비스 공정 및 결과에 대해 지각한 성과의 차이로 정의하고 있다. 서비스품질과 관련해서 서비스품질을 업그레이드 시키는데 있어서의 문제점(제공자 갭)은 고객의 기대를 파악하지 못하는 것, 적절한 서비스표준을 정하지 못하는 것, 서비스 표준을 제대로 제공하지 못하는 것, 성과가 약속에 미치지 못하는 것 등을 들 수 있다. 고객의 기대서비스와 지각서비스의 차이인 갭(gap)은 네 가지로 나누어 볼 수 있다(전인수, 1999, p.48 참조).

1) Gap 1 : 고객의 기대를 모른다.

(1) 마케팅조사의 중요성에 대한 이해 부족

- 불충분한 마케팅 조사
- 서비스품질에 대한 초점을 맞추지 않은 조사
- 마케팅조사결과의 부적절한 사용

(2) 상향 커뮤니케이션 부족

- 관리자와 고객간의 상호작용 부족
- 접점직원과 고객간의 커뮤니케이션 부족
- 접점직원과 최고경영자간에 너무 많은 계층

(3) 관계에 초점을 맞추지 못함

- 시장세분화 부족
- 관계보다는 거래에 초점
- 단골고객보다는 신규고객에 초점

2) Gap 2 : 적절한 서비스 표준을 정하지 못한다.

(1) 고객중심적 표준의 부재

- 고객중심적 서비스표준의 부재
- 고객에 초점을 맞춘 프로세스 관리 부재
- 서비스품질 설정을 위한 공식과정의 부재

(2) 부적절한 서비스리더십

- 서비스리더십이 불가능하다고 생각
- 부적절한 경영자 몰입

(3) 어설픈 서비스설계

- 체계적이지 못한 서비스개발과정
- 모호한 서비스설계
- 서비스설계를 서비스포지셔닝에 연결시키지 못함

3) Gap 3 : 서비스 표준을 제대로 제공하지 못한다.

(1) 인사정책의 결함

- 효과적이지 못함 채용
- 역할 모호성과 역할 갈등
- 직원의 업무지식 부족
- 부적절한 평가 및 보상시스템
- 권한이양, 지각된 통제 및 팀워크의 부재

(2) 공급과 수요를 일치시키는데 실패

- 수요의 정점과 저점을 완만하게 하지 못함
- 조화롭지 못한 고객믹스
- 수요를 평탄화하기 위해서 가격에 지나치게 의존

(3) 역할을 제대로 수행하지 못하는 고객

- 고객이 그들의 역할과 책임에 대해 잘 모름
- 고객이 서로에게 부정적인 영향을 미침

4) Gap 4 : 성과가 약속에 미치지 못한다.

(1) 고객기대를 효과적으로 관리하지 못함

- 여러 커뮤니케이션 방식으로 고객기대를 관리하는 데 실패
- 고객을 충분히 교육하는 데 실패

(2) 과잉 약속

- 광고로 과잉 약속
- 인적판매로 과잉 약속
- 물리적 증거 단서로 과잉 약속

(3) 수평적 커뮤니케이션이 불충분/부적절

- 영업부서와 타부서간의 불충분한 커뮤니케이션
- 광고부서와 타부서간의 불충분한 커뮤니케이션
- 유통점간의 절차나 정책의 차이

이와 같이 서비스 품질은 보다 많은 수준 높은 고객들을 창출하는데 많은 영향을 미치기 때문에 경쟁기업에 비해서 좋은 평판을 얻을 수 있기 때문에 서비스 기업입장에서는 이를 통해서 시장점유율을 높이고 고가격 전략을 수행할 수 있다. 또한, 서비스 품질은 기업의 경제적인 요인에 많은 영향을 미치고 있으며, 전사적 품질관리(total quality management ; TQM)와 같은 접근 방법은 비용을 낮추거나 생산성을 증가시키는 가운데 서비스 품질의 향상이 기업에게 어떠한 영향을 미치는지를 보여주고 있다고 할 수 있다.

4 품질비용의 이해

품질과 관련된 부분에서 가장 중요한 부분 중 하나가 품질비용과 관련된 것인데, 품질비용이란 품질이 좋은 제품과 서비스를 만드는데 사용된 모든 비용을 의미하는 것으로서, 예방비용, 평가비용, 내부실패비용, 외부실패비용, 고객의 요구를 초과하여 충족시켜 주기 위한 비용, 상실한 기회비용 등이 모두 포함된다. 또한 품질경영의 핵심적인 부분은 품질비용을 줄이는 것과 관련된 부분이라고 할 수 있다.

품질비용의 정의는 지금까지 매우 다양하게 정의되어왔는데, 몇 가지 주요한 정의를 살펴보면, 첫째, 제품이나 서비스를 만들어 파는데 드는 실제비용과 만약, 제조 및 사용중에 어떠한 실패도 없으며 실패의 가능성도 없을 경우의 비용의 차이이다. 둘째, 품질비용은 보통 나쁜 품질이 존재할 수 있거나 또는 실제로 존재하기 때문에 발생하는 비용으로 정의된다. 셋째, 품질비용은 고객의 요구사항을 충족시키지 못하는 비용, 즉 일을 잘못해서 생기는 비용이다. 마지막으로 품질 목표를 달성하는데 들어가는 모든 활동이 품질비용이라고 할 수 있다. 특히, 제조업 뿐만 아니라 서비스 기업의 경우에도 품질비용은 매우 중요한 개념이라고 할 수 있으며 향후 서비스품질비용과 관련된 부분이 서비스기업에게는 경쟁기업들과 비교해서 경쟁우위를 창출하는데 핵심적인 내용이 될 것으로 생각된다.

품질비용은 적합한 품질을 달성하기 위해 지출되는 적합품질비용(conformance cost)과 나쁜 품질에 의해 발생되는 비적합품질비용(nonconformance cost) 또는 실패비용(failure)으로 구분된다. 적합비용은 다시 예방비용(prevention cost)과 평가비용(appraisal cost)으로 구분되며, 비적합비용은 내적실패비용(internal failure cost)과 외적실패비용(external failure cost)으로 구분되며, 각각의 비용에 관한 자세한 설명은 아래와 같다(김연성외, 2000, p.91).

표 5-5 품질비용의 구성

구분	내용
예방비용	문제를 피하는 것과 관련된 비용, 교육, 계획 등의 비용
평가비용	제품이나 서비스가 제대로 적용되는지 검사하는 것과 관련된 비용 검사, 실험실 실험, 현장 실험 등의 비용
내적실패비용	제품을 고객에게 배달하기 전에 문제를 발견하여 수정하는 것과 관련된 비용, 폐기, 재생산, 라인정지시간, 품질미달로 인한 염가판매 등의 비용
외적실패비용	제품이나 서비스가 고객에게 배달된 후 발견된 문제와 관련된 비용, 품질보증, 교환비용, 환불, 고객불만 처리비용 등

또한, 위에서 언급되지 않은 품질비용의 기타요소들도 존재하는데, 예를 들면, 고객의 요구를 초과 충족시킨데 따른 비용(exceeding requirement)과 상실한 기회비용(lost opportunities) 등이 여기에 포함된다고 할 수 있다.

제6장

서비스 기업의 경영전략

1. 경영전략의 이해
2. 기업의 외부환경분석
3. 경쟁우위와 경쟁전략
4. 자원기반관점과 호텔관광산업
5. 비용우위와 차별화우위
6. 기업의 다각화전략

제6장 서비스 기업의 경영전략

1 경영전략의 이해

1) 경영전략의 개념

경영전략(business strategy)이란 희소한 경영자원을 배분하여 기업에게 경쟁우위를 창출하고 유지시켜 줄 수 있는 주요한 의사결정을 의미한다. 대부분의 기업들은 희소한 자금이나 인적자원 등을 배분해야 하는 의사결정이 필요한데, 일반적으로 다른 기업들과의 경쟁상황하에서 어떻게 하면 자사에게 경쟁우위를 가져다 줄 수 있는지를 분석해주는 구체적인 사고 방법이라고 할 수 있다.

특히, 급속한 경영환경의 변화로 무한경쟁으로 치닫고 있는 최근에는 기업들마다 경영전략의 중요성을 인식하고 있기 때문에 많은 기업들이 자사의 경영전략에 관심이 높아지고 있다.

표 6-1 경영전략론의 시대적 흐름

기간	'50~'70초반	'70후반~'80중반	'80후반~'90중반	'90후반~2000년대
주요주제	장기전략계획	산업구조 및 경쟁분석	경쟁우위의 창출 및 유지	인터넷을 비롯한 기술진보의 영향
주요개념 및 기법	재무적인 투자계획 수립 및 시자예측, 시장점유율분석, SWOT분석	산업구조분석과 산업 내의 포지셔닝	기업 내의 경쟁우위를 창출하는 요인 분석, 동태적 분석기법	수확체증의 현상, 네트워크 경제성, 혁신, 산업표준의 중요성
조직상의 특징	재무관리가 주요 기능 수행, 기업의 종합기획실 설립	수익성이 낮은 사업으로부터 탈퇴 및 전망이 좋은 사업분야로 진입	인적자원관리, 전략적 제휴를 통한 핵심역량 배양, 비즈니스 리엔지니어링으로 비용감소 및 서비스 향상	전략적 제휴가 강조됨. 시장 및 기술의 변화에 대한 빠른 대응, 창의력 증대, 기업가 정신
대표적 학자	Ansoff Andrews Chirstensen	Porter	Hamel Prahalad	Arthur Nonaka

자료 : 장세진, 경영전략, 2002, p.20.

또한, 경영전략의 중요성과 더불어 기업의 인적자원관리와 관련된 부분에 대한 중요성이 증대되고 있으며, 특히 경영자의 역할에 관한 중요성이 증대되고 있다. 경영자는 대인적 역할, 정보적 역할, 의사결정적 역할 등을 수행하며, 경영층은 최고경영층, 중간경영층, 일선경영층 등으로 나눌 수 있다.

사례

"최고경영자가 되려면"

주요 대기업에서 CEO(최고경영자)가 되려면 영업 · 마케팅 파트에서 잔뼈가 굵어야 제일 유리한 것으로 나타났다.

주간조선은 최근 증권거래소에 상장 또는 코스닥에 등록된 기업 가운데 연 매출액 1조 2000억원 이상(2002년 기준)인 대기업의 CEO를 대상으로 설문조사를 실시했다. 그 결과 주요 대기업 CEO들은 영업 · 마케팅 출신이 가장 많은 것으로 나타났다. 이번 조사에서는 설문 대상자 60여명 가운데 해외출장 등으로 답변을 하지 않은 사람을 제외하고 모두 43명이 응답했다.

또 국내 주요 대기업의 CEO들은 기업 내부에서 성장한 사람이 압도적으로 많았으며, 아직 유경험자(계열사 이동 제외)와 아직 경험이 없는 '일편단심파' 의 비율이 엇비슷했다. 연봉은 연말 보너스를 포함해 3억원 미만이라고 답한 사람이 가장 많았다.

한국경제와 관련해서 "1년 내에 회복하기 어려운 상황"이라고 진단했으며, 국내 기업들이 시급히 개선해야 헐 점으로는 '성과주의가 정착하지 못한 데 따른 비효율성' 이라고 지적했다. 출근 이후 퇴근까지 하루 업무시간은 10시간 이상, 운동은 30분~1시간, 운동종류는 헬스, 영어공부는 30분~1시간하는 경우가 각각 가장 많았다.

영업 마케팅 출신이 가장 많아

CEO가 되기 전 맡았던 주 업무로는 영업 마케팅이 가장 많아 43명 가운데 15명을 차지했다. 영업 마케팅 출신이라고 답한 이들은 LG상사 이수호 사장, 기아자동차 김뇌명 사장, LG전자 구자홍 회장, SK 황두열 부회장, 포스코 이구택 회장, 외환은행 이강원 행장, 하나은행 김승유 행장, 대우조선해양 장성립 회장, 삼성전가 강호문 사장, 두산중공업 김대중 사장, 대림산업 이용구 사장, 아시아나 박찬법 사장, SK가스 신헌철 사장, LG홈쇼핑 최영재 사장, 현대백화점 하원만 사장 등이다.

마케팅 전문가인 김재환 박사는 "영업 마케팅파트는 소비자들의 목소리를 가장 가깝게 듣는 위치"라면서 "소비자들이 무엇을 원하는지 정확히 포착하는 능력은

사례

CEO가 되는 데 크게 도움이 될 것"이라고 분석했다.

전통적으로 CEO 코스로 꼽히는 기획파트와 재무파트 출신은 그 다음으로 많았다. 기획 파트는 10명으로 두 번째를 차지했다. 삼성물산 배종렬 사장, SK텔레콤 표문수 사장, 기업은행 김종창 행장, LG화학 노기호 사장, 쌍용자동차 소진관 사장, 동부화재 이수광 사장, LG텔레콤 남용사장, 두산 유병택 사장, KT&G 곽주영 사장, 한화석유화학 허원중 사장 등이 기획통.

재무 전문가는 7명으로 세 번째, 회사 돈을 주무르는 사람들도 최고경영자 반열에 자주 오르는 사람들이다. S-OIL 유호기 사장, KTF 남중수 사장, 신세계 구학서 사장, LG카드 이종석사장, LG건설 김갑렬 사장, 현대산업개발 이방주 사장, 동국제강 전경두 사장 등이 해당한다.

영업 · 기획 · 재무를 합치면 모두 32명으로 응답자의 74%를 차지, 대기업 최고경영자는 이 세 분야에서 주로 나온다고 할 수 있다.

최근 기술중시의 경영 흐름 속에서 기술직 출신은 4명, 현대중공업 최길선 사장, 대우건설 남상국 사장, LG전선 한동규 사장, 코오롱 조정호 사장이 이에 속한다. 연구직 출신은 2명, 2명 모두 박사 출신이다. 산업관리공학 박사인 현대자동차의 김동진 사장은 연구 파트에서 잔뼈가 굵었으면, 전자공학 박사인 KT의 이용경 사장도 미국 대학 교수를 거쳐 연구원 생활을 했다. 인사 전문가는 2명으로 한진해운의 최원표사장과 CJ홈쇼핑의 조영철 사장이다.

남들과 다른 경력을 밟은 이들도 있다. 삼성전자 한용외 사장은 감사와 경영진단을 주특기로 했고, CJ의 김주형 사장은 구매분야에서 컸다. 원자재 구매가 많은 회사의 특성 때문이라는 것이 회사측 설명이다. 금호산업의 신훈 사장은 보기드물게 전산전문가이다. 대학에서 수학을 전공한 신 사장은 여러 회사에서 전산전문가로 활약했다.

'CEO가 된 뒤 직원시절 CEO에 크게 도움될 업무는 무엇이라고 생각하느냐' 는 질문에 대부분 최고경영자들은 '친정', 즉 자신의 출신 분야를 제시했다. 자신이 성장한 분야에 대한 자부심이라고 할 수 있다.

그러나 이 질문에서도 영업 · 마케팅 업무가 강세였다. 비영업 파트 출신들도 영

사례

업쪽에 손을 들어줘 영업 · 마케팅 출신 사장(15명) 수보다 많은 18명이었다. 기술이 중요하다는 사람도 5명으로, 기술자 출신 사장 수보다 많다. 하나은행 김승유 행장은 "다양한 업무 경험이 중요하다"고 말하기도 했다.

부하의견 수용 민주형 많아

이들에게 색다른 질문을 하나 던져 보았다. '부하 직원들을 통솔할 때 가장 효과를 본 것은 무엇이냐?'

가장 많은 23명이 '상사로서 기획력, 업무추진, 문제해결 등 능력을 발휘하는 것' 이라고 답했다. 조직의 관리자는 일단 본인이 능력을 제대로 발휘해야 부하직원들이 움직인다는 의미로 해석된다. 두 번째로 '개인보다는 조직의 팀워크를 중시하는 태도' (14명)라는 답도 적지 않았다. 두 답을 합쳐 개인적으로 능력을 보이면서도 조직의 팀워크를 생각하는 관리자가 되면 경영자로서 자질은 입증되는 셈이다.

'정확한 신상필벌' (3명)과 '부하의 잘못을 감싸는 포용력' (2명)이라는 상반된 답변이 엇비슷하게 나온 것은 흥미롭다. 조직원들은 엄격한 성과 평가를 수긍하면 서도 한편으로는 상관의 넓은 아량에 감읍하면서 충성심을 발휘한다고 할 수 있다.

또 이런 질문도 던져보았다. '부하가 자신의 지시 업무에 불가능하다는 반응을 보일 때 어떻게 해결하는가?'

가장 많은 답은 '부하의 의견을 경청한 뒤 다시 한 번 생각했다' (28명)는 것이다. 아랫 사람의 의견을 수용하는 '민주적 상사형' 이 가장 많은 셈이다. 두 번째는 '일단 업무에 착수한 뒤 결과를 보고하라고 지시했다' (10명). 상사의 지시를 무시하지 않고 일단 일을 착수하라는 성실추구형인 셈이다. '이유를 불문하고 반드시 업무를 달성하라고 재차 지시했다' (3명)는 불도저식 관리형태도 있다. 이밖에 '다른 부하에게 업무를 맡긴다' (1명)도 있다.

CEO 자신들은 과거 부하시절에 불가능하다고 판단된 업무를 지시받았을 때 어떻게 했을까. '일단 지시를 수용한 뒤 기회를 봐서 불가능한 이유를 설명했다' (21명)는 답변이 가장 많았다. 상사의 지시를 정면에서 거절하지 않는 '한국적 순종

사례

형' 이 다수파인 것. '상사의 지시는 반드시 성과를 내도록 노력했다' (14명)가 두 번째. '하라면 해' 라는 한국의 군대식 명령체제에 익숙한 것이 한국 기업의 회사원들이다.

'업무가 불가능한 이유를 설명하고 착수하지 않았다' (4명)는 '당돌한 부하' 도 있다. '일단 업무에 착수하고, 후에 성과를 내지 못한 이유를 설명했다' (2명)는 답변은 '안전판 마련형'.

CEO의 가장 중요한 역할로 손꼽은 것은 '회사의 장기 발전 플랜 마련과 추진' 이라는 입을 모았다. 모두 35명이 답해 5명 중 4명꼴이다. '구조조정 등 조직의 효율화' 는 5명. '단기 목표 달성' 은 2명이었다. KTF의 남중수 사장은 "CEO란 기업이 시스템적으로 경영되도록 도와주는 서포트 역할"이라는 답을 내놓기도 했다.

CEO가 된 후에 가장 역점을 두고 있는 업무로는 '기존 사업의 경쟁력 강화' (29명)를 가장 많이 제시했으며, 신규 수익사업 추진(9명)이 뒤를 이었다. 이 밖에 인력감축과 구조조정 등 조직 제정비(2명), 부채감축 등 재무구조 개선(2명), 기술 · 연구개발 강화(2명) 등이었다.

자료: 주간조선

2) 전략경영의 과정

전략경영과정이란 기업이 경쟁우위를 창출하는 전략을 선택하기 위한 분석과 선택의 절차를 나타내는 과정이라고 할 수 있는데, 전략경영의 과정은 먼저, 기업이 미션(mission)을 설정한 후 기업의 목표를 세우고, 기업의 내부환경과 외부환경을 분석한 후에 전략적인 선택을 하고 그후, 선택된 전략을 실행하여 경쟁우위를 창출하는 과정을 의미한다. 기업의 미션이란 기업이 존재하는 이유를 의미하고, 기업은 내부환경분석(internal analysis)을 통해서 자사의 강점과 약점을 인식하고, 자사의 어떠한 자원이 경쟁우위를 창출할 것인가에 대한 문제에 대해서 이해를 할 수 있게 해준다고 할 수 있다. 또한, 기업은 외부환경분석(external analysis)을 통해서 경쟁분야에서 기회와 위협을 인식 하게 된다.

2 기업의 외부환경분석

산업구조와 경쟁방식, 산업의 수익률에 대한 관계는 경제학의 산업조직론에서 발전되었는데, 산업조직론에선는 산업의 구조를 완전경쟁과 독과점간의 중간형태로 나타낸다. 독점(monopoly)이란 어느 산업에서 단 하나의 기업만 존재하기 때문에 그 기업이 소비자로부터 독점이윤을 얻고 있는 상황을 말한다. 호텔관광기업의 경우를 예를 들면, 물론, 우리나라에 취항하는 외국항공사는 있었지만, 국내항공사로는 1969년부터 우리나라의 항공사는 대한항공밖에 없었기 때문에 이러한 산업구조를 가지고 있었으나, 1989년 아시아나 항공이 취항하면서 우리나라의 항공산업은 독점적인 구조에서 탈피하였다.

한편, 완전경쟁(perfect competition)이란 시장에 많은 기업들이 있어서 아무도 시장가격의 변화에 영향을 미치지 못하고 단지 시장에서 형성된 가격을 주어진 것으로 받아들이는 경우이다. 따라서 완전경쟁의 경우는 어느 기업도 초과이윤을 얻을 수 없고 정상이윤만을 얻는다고 할 수 있지만, 실제적으로 많은 산업들은 완전경쟁이거나 완전 독점이 아닌 중간에 위치하고 있어서 과점적인 구조나 경쟁에 가까운 산업이기 쉽다고 할 수 있다. 호텔산업의 경우는 이렇게 과점에 속하는 산업구조라고 할 수 있지만, 여행업의 경우는 산업의 경쟁구조상 완전경쟁구조를 가지고 있다고 할 수 있다. 지난 수년 동안 정보통신기술의 발전으로 온라인 여행업이 활발해지면서 온라인과 오프라인을 합한 여행업체의 숫자가 약 1만개 이상으로 추산되고 있으며, 그 규모는 하나투어와 같이 대규모 여행사부터 직원의 수가 몇 명에 이르는 소규모 여행업체까지 다양한 숫자이다. 한편, 프랜차이즈를 통한 외식업체의 경우는 산업에 있어서 시장경쟁구조상 과점에 속한다고 할 수 있다. 산업에 있어서 시장경쟁구조에 관한 내용은 아래의 표와 같다.

표 6-2 시장경쟁구조유형

구분	완전경쟁	과점	복점	독점
생산자의 수	다수	소수	둘	하나
진입 및 퇴거장벽	없음	존재함	높음	높음
제품의 차별화	없음	많음	보통	낮음
정보얻기	쉬움	제한됨	제한됨	제한됨

산업구조를 분석하는 기법을 처음으로 경영전략에 도입한 연구자는 마이클 포터(Michael Porter)인데 포터는 1980년 Competitive Strategy라는 저서에서 경제학의 산업구조분석을 기업에 적용하기 쉽도록 변형시킨 분석틀을 제시하였다. 포터는 다섯 가지 경쟁요인에 의해서 산업의 수익률이 결정된다고 하였는데, 기존기업과의 경쟁, 잠재적 진입자와의 경쟁, 대체재와의 경쟁, 공급자와 구매자의 교섭력 등이 그 요인이다.

1) 기존기업과의 경쟁

대부분의 산업에서 경쟁의 양상과 전체의 수익률을 결정하는 가장 중요한 요인은 이미 그 산업 내에서 경쟁하고 있는 기업들 간의 경쟁관계라고 할 수 있다. 어떤 산업에서는 기업들끼리 과당경쟁으로 인해 가격이 생산원가 이하로 내려 가서 산업 전체적으로 손해를 보며 또 다른 경우는 기업들이 가격경쟁을 피하기 위해 담합을 하기도 한다. 산업내의 기존 기업들간의 경쟁양상과 강도를 결정하는 요인들로는 산업의 집중도, 경쟁기업의 동질성과 이질성, 제품차별화, 비용구조 등이 있다.

산업의 집중도(industry concentration)란 산업에 속하는 기업의 수와 그 개별 기업의 규모를 의미하는 것으로 산업이 집중되어 있을수록, 즉, 그 산업에 참여하고 있는 기업의 수가 적을수록 산업의 전반적인 수익률은 상대적으로 높아지게 된다. 반대로, 그 산업이 경쟁적일수록, 즉 많은 기업들이 경쟁에 참여하여 경쟁자의 수가 많을수록 수익률은 낮아지게 된다.

경쟁기업의 동질성과 이질성 측면을 살펴보면, 동일산업 내에서 기업들간의 경쟁을 피하기 위해 담합을 할 수 있는 가능성은 단순히 참여하는 기업의 수 뿐 만아니라 그 기업들의 전략, 목적에 따라 상당히 다양하다고 할 수 있다. 따라서 일반적으로 기업들의 전략, 목적 등이 유사할 경우에는 훨씬 암묵적이거나 명시적인 담합을 하기가 쉽다고 할 수 있다. 또한, 산업내에서 기업의 규모가 어떻게 분포되어 있는 가 하는 점 역시 산업 내의 경쟁강도에 영향을 미치게 되는데 대체적으로 기업들의 규모가 비슷할수록 경쟁의 강도가 심하다고 할 수 있겠다. 하지만 산업내의 경쟁구조가 우리나라 여행산업의 하나투어와 같이 어떤 산업의 지배적인 기업이 존재할 경우에는 작은 기업들은 큰 기업에 대항하여 가격경쟁을 하기보다는 큰 기업이 정한 가격을 그대로 따르는 경우가 많다고 할 수 있다. 즉, 이러한 산업경쟁구조에서는 일반적으로 지배적인 기업의 선도에 따라서 가격이 결정되는 경우가 많다고 할 수 있다.

또한, 산업 내에서 경쟁하는 기업들의 제품의 품질이 동일할수록 소비자들은 특정기업의 제품을 선호할 이유가 없어지게 된다. 하지만, 여행업 등과 같이 소비자들의 제품 브랜드에 대한 선호도가 높은 산업은 가격으로 경쟁하는 것을 피하고 광고 등 차별화 기법으로 경쟁하게 된다. 호텔산업의 예를 들어보면, 특급호텔 등과 같이 대부분의 기업들이 일정 수준이상의 유형성 수준을 보유하고 있는 경우에는 호텔의 주서비스인 객실상품으로 경쟁하기 보다는 보조서비스인 식음료서비스, 수영장, 회원관리 서비스 등의 상품으로 다른 경쟁호텔들과 경쟁하는 것이 위에서 언급된바와 같이 기업들의 제품의 품질이 동일할수록 소비자들의 특정 제품에 대한 브랜드 선호도가 없어지는 상황에서의 경쟁전략이라고 할 수 있다.

같은 산업내에서 기존기업들과의 경쟁을 유발하는 다른 요소는 제품이나 서비스에 대한 차별화인데 산업내에서 경쟁하는 기업들의 제품이나 서비스에 관한 품질이 유사할수록 소비자들은 특정기업의 제품이나 서비스를 선호할 이유가 없어진다고 할 수 있으며, 기업의 입장에서는 이러한 경우에는 가격이외에는 경쟁할 만한 수단이 약해진다고 할 수 있다. 마지막으로 경쟁요소중 중요한 것은 비용구조가 있다.

각 산업에서 기업들의 가격경쟁의 정도는 산업의 비용구조에 따라 다르다고 할 수 있는데 항공사의 경우, 국내선은 가격책정에 있어 정부의 규제가 있지만, 국제선의 경우는 고객들의 수요에 따라 가격이 수시로 변화한다. 그 이유는, 항공사의 운행비용은 좌석이 얼마만큼 채워졌는지에 상관없이 일정하게 소요되기 때문인데, 이와 같이 기업의 비용구조는 고정비용과 변동비용의 비중을 의미하는데 이러한 요소는 기존기업과의 경쟁에서 중요한 요인이 될 수 있다.

2) 잠재적 진입자와의 경쟁

어느 산업의 수익률이 높거나, 그 산업의 전망이 밝으면 많은 기업들이 그 시장에 진입하려고 하지만, 모든 산업에서 진입이 자유롭게 허용된다면 당장은 그 산업이 수익률이 높더라도 그 수익률은 점점 낮아질 것이다. 또한, 간과해서 안 될 부분은 실제적으로 진입이 일어나지 않는다고 하더라도 만일 다른 기업들이 언제든지 그 산업에 진입할 준비가 되어 있다면, 그 산업에 있는 기존기업들은 잠재적 경쟁자가 진입할 수 있다는 위협 때문에, 가격을 높게 책정하지 못하고 경쟁적인 수준을 낮추어 이러한 진입을 막을 필요가 있다.

이와 같이 진입장벽(entry barrier) 또는 철수장벽(exit barrier)이 없는 경우를 준경쟁적 시장(contestable market)이라고 한다. 따라서, 진입장벽이 없는 산업에서는 가격이 경쟁적인 수준으로 낮아지고, 이윤 역시 시장내의 기어브이 수와 상관없이 정상이윤밖에 얻지 못하는 경우가 있다.

준경쟁적시장의 정도는 산업에 매몰비용(sunk cost)의 존재 유무에 따라서 결정된다. 대부분의 산업에서 신규진입자는 기존기업들에 비해 상당히 불리한 입장에 서게 된다. 이와 같이 기존기업들이 신규진입기업에 비해 가지는 우위를 진입장벽이라고 한다. 어떠한 산업에 뛰어 들려고 하는 기업들은 기존의 경쟁자들을 분석하는 것도 중요하지만 잠재적인 경쟁을 고려하는 것도 중요한 요소 중 하나라고 할 수 있다.

호텔산업의 경우는 초기투자비용이 높을 뿐만 아니라 여러 가지 조건이 준비되어야 하기 때문에 진입장벽이 높은 산업 중 하나라고 할 수 있으며, 반대로 여행업의 경우는 다른 산업에 비해 상대적으로 진입장벽이 낮은 산업이라고 할 수 있다.

또한, 초기에 시장에 진입한 사업자는 잠재적인 신규진입자들에 비해서 비용적인 측면에서 비용우위에 있다고 할 수 있는데, 초기에 시장에 진입한 기업들은 신규진입자들에 비해서 원자재들을 싸게 구입하는 노하우와 경험효과를 통해 비용을 절감하는 방법을 알고 있기 때문에 비용우위에 있다고 할 수 있다.

3) 대체재와의 경쟁

산업의 수익률은 소비자들이 그 제품이나 서비스에 대해 지불하는 가격에 따라 결정되므로 대체재(substitute)의 유무에 따라 크게 달라진다고 할 수 있다.

예를 들어, 버스와 지하철은 서로 긴밀한 대체재 관계에 있다고 할 수 있는데 버스요금이 많이 인상되면 소비자들은 버스에 대한 선호도가 높아질 것이다. 이렇게 대체재의 존재는 기업들에게는 상당히 부담스러울 수도 있는데, 대체재의 존재가 그 산업의 가격결정에 영향을 미치는 정도는 두 가지 요인에 의해서 결정되는데 소비자들이 대체재로 대체하는 정도와 대체재의 유용성이다.

먼저, 소비자들이 대체재로 대체하는 정도는 만약, 소비자들이 어떤 특정 기업이나 브랜드에 대해서 높은 충성도를 가지고 있는 상황에서는 가격이 일정 부분 오른다고 다른 대체재로 대체하는 정도가 낮아지게된다. 대체재의 유용성과 관련해서는 산업에 따라 다르겠지만, 호텔산업의 경우 호텔의 일부 기능을 대체할 대체재는 존재하지만 전체적으로 호텔의 여러 가지 기능을 대체할 만한 서비스가 거의 없다고 할 수 있기 때문에 대체재의 유용성의 관점에서 볼 때, 호텔업의 경우는 대체재는 존재하지 않는다고 할 수 있다.

4) 구매자의 교섭력

구매자의 교섭력을 결정하는데에는 구매자들이 얼마나 가격에 민감한가의 정도와 공급자에 대한 구매자들의 상대적인 교섭능력이 중요한 요인으로 작용한다. 하지만, 구매자의 교섭능력에 더 많은 영향을 미치는 것은 판매자와 구매자의 교섭력 차이인데 그 요인들로는 구매자의 공급자에 대한 상대적 크기, 구매자들이 공급자의 제품. 가격. 비용구조에 대해 보다 자세한 정보를 보유했는지의 여부, 구매자들의 전환비용(switching cost)여부 등에 따라 영향을 받게 된다.

5) 공급자의 교섭력

구매자가 교섭력을 행사하여 가격을 낮춤으로써 공급자들의 이윤을 감소시킬 수 있는 것과 같이 공급자들도 자신들의 교섭력이 강할 때 가격을 높임으로써 자신의 이윤의 폭을 넓힐 수 있다. 공급자의 교섭력의 관점에서 볼 때 호텔산업의 경우는 공급자의 교섭력이 높은 편이라고 할 수 있는데, 그 이유는 특급호텔의 수는 제한적이지만 호텔을 사용하려는 수요는 높은 편이기 때문이며, 특히, 12월과 결혼시즌에는 공급자의 교섭력이 가장 높아지는 때라고 할 수 있다. 한편, 여행업의 경우에는 호텔업에 비해서 공급자의 교섭력이 상대적으로 낮은 편이라고 할 수 있는데, 물론 성수기에 특정 패키지상품에 대한 공급자의 교섭력이 높아 질 수는 있지만, 시장경쟁구조가 완전경쟁이다 보니 다른 여행사에서 여행상품을 구매해도 되는 대체재가 풍부하며, 패키지상품 자체가 핵심역량을 보유한 제품이나 서비스라고 하기 어렵기 때문에 공급자가 교섭력을 보유하기가 어렵다고 할 수 있다.

3 경쟁우위와 경쟁전략

1) 경쟁우위의 이해

경영전략의 궁극적인 목적은 자사가 경쟁기업과 비교해서 경쟁우위를 갖도록 하는 것인데, 경쟁우위를 평가하기 위해서는 먼저 자사가 보유하고 있는 강점과 약점을 분석하는 것이 필요하며, 이후 경쟁기업에 비해서 경쟁우위를 확보하기 위해서는 경쟁기업과 비교해서 희소한 자원을 보유해야 하며, 자사가 보유하고 있는 경영자원과 핵심역량이 그 산업에 적합한 것이어야 한다.

2) 경쟁우위의 창출

경쟁우위가 창출되려면 자사가 보유하고 있는 경영자원이 다른 경쟁기업과 비교해서 특별한 것이어야 하며, 그러한 경영자원이 현재 시장에서 요구하는 주요 성공요인과 부합되어야 한다(장세진, 2003, p.249). 이러한 경쟁우위의 창출은 외부환경과 기업내부의 혁신을 통해서 창출될 수 있다고 할 수 있는데, 외부환경과 관련해서 산업 내의 외부환경의 변화가 심하면 기업이 보유하고 있는 상대적인 경쟁우위는 크게 변하게 된다.

또한, 중요한 점은 경쟁우위는 외부환경의 변화에 의해서만 형성되는 것이 아니라 변화하는 외부환경에 기업들이 대응하는 방식에 따라서도 영향을 받게 된다. 변화하는 외부환경에 대해서 빨리 적응하는 기업은 경쟁우위를 창출하거나 계속해서 경쟁우위를 유지할 수 있게 되지만 그렇지 못한 기업의 경우는 경쟁우위를 보유하다가도 경쟁우위유지의 어려움을 겪을 수도 있다. 이렇게 기업이 변화하는 환경에 빠르게 적응할 수 있기 위해서 중요한 요인은 정보의 획득과 신속한 경영자원의 재배치라고 할 수 있다. 정보수집능력을 통해서 기업은 외부환경의 변화를 인식하고 이를 예측할 수 있는 능력을 보유할 수 있게 되며, 경영자원의 재배치를 통해서 기업은 유연성을 확보할 수 있는데, 유연성이란 조직의 소프트웨어적인 측면을 의미하는 것으로 기업의 조직구조, 의사결정시스템, 업무체계 등을 의미한다.

3) 경쟁우위의 유지

경쟁우위의 창출과 함께 기업에게 중요한 점은 창출된 경쟁우위를 계속해서 유지하는 것이라고 할 수 있다. 기업이 경쟁우위를 유지하기 위해서는 몇 가지 조건이 필요하다고 할 수 있는데, 먼저, 기업의 경영자원이 지속가능한 경영자원이어야 하며, 이러한 경영자원의 획득가능성이 쉽지 않아야 하며, 경쟁기업의 모방가능성이 낮아야 한다. 예를 들어 여행사의 패키지 상품의 경우는 어떤 여행사가 훌륭한 패키지 상품을 개발하더라도 다른 여행사들이 단시간내에 모방하는 것이 가능하기 때문에 여행사들은 패키지 상품을 이용해서는 오랫동안 경쟁우위를 보유하는 것이 어렵다고 할 수 있다.

위에서 언급된 지속성, 획득가능성, 모방가능성의 세 가지 기준을 통해서 볼 때, 경쟁기업의 입장에서 선두기업이 가진 경쟁우위를 효과적으로 모방하거나 선두기업이 자신의 경쟁우위를 방어하기 위해서는 다음과 같은 조건을 살펴보아야 한다(장세진, 2003, p.257). 첫째, 경쟁자가 어떠한 경쟁우위를 갖고 있는가를 파악할 수 있어야 한다. 둘째, 경쟁우위를 모방하는데 필요한 비용이 크지 않아야 한다. 셋째, 경쟁자의 전략을 분석하여 경쟁우위를 창출하는 방법을 이해하여야 한다. 넷째, 경쟁자가 보유한 경쟁우위를 창출하는 경영자원을 획득하는 것이다.

4) 경쟁우위의 유형

기업이 경쟁기업에 비해서 높은 수익률을 얻는 방법은 동일한 제품을 낮은 비용에 만들어 싸게 파는 방법과 경쟁기업과 다른 차별화된 제품을 제공하는 방법이 있다. 먼저, 같은 제품을 낮은 비용에 만들어 싸게 파는 방법을 비용우위(cost advantage)라고 하고, 차별화된 제품을 제공하는 방법을 차별화우위(differentiation advantage)라고 한다. 비용우위를 추구함에 있어서 기업의 목적은 산업 전체에 있어 비용선도자가 되는 것인데, 비용우위를 가지려면 그 기업은 비용우위를 창출할 수 있는 요인들을 발견하여 이를 이용해야 한다. 한편, 기업이 차별화 우위를 추구하려면 소비자들에게 차별화된 가치를 제공해 주어야 한다. 비용우위전략과 차별화우위전략의 특성은 아래 표와 같다.

표 6-3 **비용우위전략과 차별화우위전략의 특성**

본원적인 전략	주요 전략요소	경영자원과 조직적 특성
비용우위	- 효율적인 규모의 설비투자 - 제작이 용이한 제품 디자인 - 간접비와 연구개발비용의 통제	- 자본력 - 공정엔지니어링 기술 - 잦은 보고와 통제 - 엄격한 비용통제 - 구조화된 조직과 책임이양 - 양적인 관리시스템
차별화우위	- 브랜드, 디자인, 광고, 서비스와 품질의 강조	- 마케팅 능력 - 제품엔지니어링 기술 - 창조성 - 기초연구능력 - 질적인 관리시스템 - 강한 내부조정기능

자료 : 장세진, 2003, p.260

4 자원기반관점과 호텔관광산업

1) 자원기반관점의 이해

자원기반관점(resourced based view)이란 Wernelfelt(1984)에 의해서 처음으로 사용된 용어이며 Barney(1991)에 의해서 발전한 이론으로 그 내용을 살펴보면, 기업이 통제하는 자원과 능력을 경쟁우위의 원천으로서 초점을 맞추는 기업성과에 관한 모델이라고 할 수 있다. 자원기반관점에서 자원(resource)이란 기업이 전략을 고안하고 실행하는데 이용하는 기업의 통제하에 있는 유형과 무형의 자산으로 정의된다. 자원기반관점은 기어빙 통제하는 자원과 능력에 대해 두 가지 기본적인 가정을 가지고 있다. 첫째는 다른 기업들은 비록 그들이 한 산업내에서 활동하더라고 다른 자원과 능력을 가지고 있다고 가정하는데, 이러한 가정은 자원의 상이성(resource heterogeneity)이다. 자원의 상이성은 동일한 사업을 하는 데에 있어서 어떤 기업들이 다른 기업들보다 더 좋은 성과를 낼 수 있다는 것을 의미한다.

둘째는 기업들이 가진 상이한 자원과 능력의 차이점은 오래 지속될 수 있다는 가정이다. 이것은 기업이 어떤 자원과 능력을 개발하거나 또는 획득하는 일은 매우 힘들 수 있다는 가정인데 이것은 자원비유동성(resource immobility)의 가정이다. 이 두가지 가정은 왜 기업들이 동일한 산업에서 경쟁하면서도 어떤 기업들은 다른 기업들보다 우월한 성과를 낼 수 있는지를 설명해준다. 만약 어떤 기업이 다른 경쟁자들이 가지지 못한 가치 있는 자원과 능력을 가지고 있고 경쟁자들이 그 자원과 능력을 모방하는 것이 힘들다면, 그 기업은 지속적인 경쟁우위를 획득할 수 있다(신형덕, 2007, p.98).

2) 자원기반관점에서 본 호텔관광산업

자원기반관점을 기초로 하여 기업이 보유한 모든 자원과 능력을 분석하고 이러한 자원과 능력이 경쟁우위를 창출할 수 있는 잠재력에 대해 분석하는 기법을 개발 할 수 있는데 이러한 기법을 이용하여 기업의 내부적인 강점과 약점을 분석할 수 있다. 이와 같은 기법은 VRIO모형이라고 하며, 이 모형 value(가치), imitability(모방가능성), rarity(희소성), organization(조직)의 약자이다.

이러한 분석을 통해서 기업의 자원과 능력이 가질 수 있는 잠재력을 측정할 수 있다. 먼저, 가치와 관련된 분석을 위해서는 어느 자원이 그것을 소유한 기업으로 하여금 환경적 기회를 이용하거나 환경적 위협을 중화시키도록 하는 것인가와 관련된 부분이며, 희소성과 관련된 부분은 어느 자원이 소수의 기업에 의해서만 소유되고 있는가와 관련된 부분이라고 할 수 있다. 모방가능성과 관련된 부분은 어느 자원을 소유하고 있지 않은 기업이 그 자원을 획득하거나 개발하는 데에 있어서 원가열위를 가지는 것과 관련된 부분이고 조직과 관련된 부분은 어느 기업의 정책과 과정들이 그 기업이 소유한 가치있고 희소하며 모방하기 힘든 자원을 이용하기 위해 조직되었는가와 관련된 부분이라고 할 수 있다(신형덕, 2007, p.101).

자원기반관점의 vlaue(가치), rarity(희소성), imitability(모방가능성), organization(조직)의 모형을 호텔관광산업에 적용시켜 보면 다음과 같다. 먼저, 여행업의 경우 패키지 상품과 관련하여 어떤 특정한 패키지 상품의 가치는 매우 높을 수 있지만 이러한 패키지 상품은 모방이 쉽기 때문에 제품개발 초기 단계에서는 특정한 여행사에 의해 개발되어 판매될 수 있겠지만 시간이 지남에 따라 많은 여행사들이 이러한 패키지 상품의 개발이 가능해 질 수 있다.

따라서 패키지 상품을 통해서 여행사들이 자원기반관점에서 장기적인 경쟁우위를 확보하는 것은 쉽지 않은 부분이라고 할 수 있다. 하지만 하나투어, 모두투어 등과 같은 대형 여행 기업들은 비교적 장기적으로 다른 경쟁 여행기업들과 비교할 때 경쟁우위를 확보하고 있는데, 이는 자원기반관점의 분석에 서 볼 때 조직과 관련된 부분이라고 할 수 있다. 하나투어와 같은 대형 여행 기업들은 브랜드 파워가 크다고 할 수 있기 때문에 많은 여행 기업들에서 비슷한 여행상품을 제공하기 때문에 비교적 희소성이 크지 않으며, 여행상품의 특성상 모방가능성도 비교적 높은 편이기 때문에 하나투어는 다른 요인들도 있지만 브랜드 파워를 활용하여 지속적인 경쟁우위를 확보할 수 있다고 할 수 있다.

이러한 브랜드 파워는 브랜드 이미지와 밀접한 관계가 있다고 할 수 있는데 직원들의 고객에 대한 높은 수준의 서비스 제공과 고객의 기업에 대한 높은 신뢰도와 만족도를 통해서 형성된다고 하겠다. 따라서 여행업, 호텔업과 같은 환대산업의 경우에는 직원들의 서비스가 지속가능한 경쟁우위를 창출할 수 있는 중요한 자원이라고 할 수 있다. 또한, 호텔업의 경우 호텔산업의 특성상 대부분의 특1급 호텔의 경우 판매하는 상품들이 매우 유사하기 때문에 자원기반관점에서 분석할 때 희소성과 모방가능성이 높은 편이기 때문에 직원들의 서비스가 지속적인 경쟁우위를 창출할 수 있는 중요한 자원이 될 수 있다.

5 비용우위와 차별화우위

1) 비용우위

경영전략에서 비용우위는 기업들끼리 제품이나 서비스가 유사한 산업에서 경쟁우위를 가져오는 가장 중요한 요인 중 하나라고 할 수 있다. 경쟁기업들의 제품이나 서비스가 유사한 경우에는 차별화전략을 구사하는데 한계점이 있을 수 있기 때문에 경쟁우위의 원천을 비용우위에서 창출하는 경우가 많은데, 이러한 기업의 비용우위의 원천은 규모의 경제, 경험효과, 투입요소비용, 생산설비 활용도 등에서 찾아볼 수 있다(장세진, 2002, p.301).

먼저, 규모의 경제(economies of scale)란 투입량을 증가시킬 때 산출량이 투입량 증가비율 이상으로 증가하는 것을 의미하는데, 규모의 경제는 생산설비의 규모에 따라서 발생하기도 하지만 구매, 연구개발, 유통, 광고와 같은 영역에서도 많이 나타난다. 호텔산업의 경우를 살펴보면 독립경영호텔에 비해서 체인호텔의 경우는 여러 부분에서 규모의 경제를 활용할 수 있기 때문에 이론적으로는 비용우위를 확보할 수 있는데, 예를 들면 광고의 경우 체인호텔들은 세계 각지에 퍼져있는 모든 호텔들을 알릴 수 있기 때문에 독립경영호텔에 비해서 규모의 경제를 활용하게 된다. 또한, 직원들의 교육과 훈련의 경우에도 체인호텔들은 독립경영호텔과 비교해서 규모의 경제를 활용할 수 있는데 직원 수가 많기 때문에 비용적인 측면에서 규모의 경제를 활용할 수 있으며, 특히 요즘과 같이 정보통신기술의 발전으로 세계 어느 곳에서나 인터넷을 기반으로한 디지털기술을 직원들의 교육에 활용하게 되면 규모의 경제를 최대화 할 수 있게 된다.

또한, 경험효과(experience effect) 또는 학습효과(learning curve effect)는 기업의 비용우위를 결정하는 매우 중요한 요인이라고 할 수 있다. 이러한 경험효과를 통한 비용우위와 관련된 부분을 호텔산업에 적용시켜보면, 규모의 경제와 마찬가지로 체인호텔들이 독립경영호텔에 비해서 비용우위를 확보할 확률이 더 높다고 할 수 있다. 다시 말해서, 글로벌 파워브랜드를 보유한 체인호텔들은 세계 여러 지역에 호텔을 운영한 경험이 많기 때문에 한 국가 혹은 지역에서 하나 혹은 소수의 지역적인(domestic)호텔을 경험한 독립경영호텔에 호텔경영과 관련된 많은 경험을 보유하고 있기 때문에 일반적으로 비용우위를 확보할 확률이 더 높다고 할 수 있다.

투입요소비용과 관련해서는 여러 기업들이 생산이나 서비스에 필요한 자원들을 같은 조건으로 확보하고 있지 않기 때문에 어떤 기업이 이러한 경영자원들을 보다 좋은 조건에 확보하느냐에 따라 비용우위에 영향을 미치게 된다. 마지막으로 생산시설의 활용도와 관련해서 어떤 기업이 신축적으로 유휴

설비를 활용할 수 있는 능력이 있느냐에 따라 비용우위가 달라질 수 있다고 할 수 있다.

2) 차별화 우위

차별화우위(differentiation advantage)는 소비자에게 독특한 가치를 제공하여 줌으로써 차별화에 소요된 비용 이상으로 높은 효과를 얻는 것을 의미한다. 차별화를 분석하는데는 유형의 차별화와 무형의 차별화를 구분할 수 있는데, 유형의 차별화는 크기, 무게, 모양, 색상, 디자인 등 소비자의 선호에 따라서 우리가 눈으로 관찰할 수 있는 제품이나 서비스의 특성을 의미하며 무형의 차별화는 소비자가 제품이나 서비스에 대해서 느끼는 사회적이고 감정적이며, 심리적인 차이를 의미한다. 호텔, 항공사, 여행사 등 환대산업의 경우에 구사할 수 있는 가장 좋은 차별화전략은 서비스의 품질이기 때문에 환대산업의 경우에는 인적자원을 통한 서비스가 기업의 경쟁우위를 창출하고 유지하는데 가장 중요한 부분이라고 할 수 있다.

6 기업의 다각화 전략

1) 사업다각화의 정의

사업다각화(business diversification)란 한 기업이 다른 여러 산업에 참여하는 것을 의미하는데 관련사업다각화(related business diversification), 비관련사업다각화(unrelated business diversification), 수직적 통합(vertical integration) 등으로 나눌 수 있다. 관련사업다각화는 제품이

나 판매지역 측면에서 관련된 산업에 집중하는 것이며, 비관련사업다각화는 서로 관련되지 않은 산업에 참여하는 것을 의미하며, 수직적 통합이란 완제품과 부품생산을 같이하는 것을 의미한다. 우리나라 호텔산업의 경우에는 신라호텔, 조선호텔, 워커힐호텔 등 여러 호텔들이 대기업들의 사업다각화의 측면과 관련지어 생각해 볼 수 있는 사례가 많이 있다.

2) 사업다각화의 목적

기업들이 사업다각화 전략을 구사하는 목적은 여러 가지 있을 수 있지만 대표적으로 성장추구, 위험관리, 시장지배력 추구 등의 동기에 의해서 사업다각화가 이루어진다고 할 수 있다. 기업들은 사업다각화를 통해서 산업내에서 성장을 추구할 수 있으며, 개별사업부문들의 경기순환에서 오는 위험을 감소시킬 수 있다. 또한, 사업다각화를 통해서 기업들은 기업의 규모가 커짐에 따라 시장내에서 지배력이 높아지기 때문에 사업다각화전략을 구사하게 된다.

사례

하나투어의 사업다각화

하나투어는 지난 5년 내내 여행업계 중 최고의 매출액을 올렸다. 성장률도 매년 30%에 이른다. 해외시장은 물론 국내시장도 석권할 만큼 높은 시장점유율을 자랑하고 있지만, 한때는 전직원이 어려움을 겪은적도 있다. 외환위기의 여파로 회사의주식가치가 폭락하자 회사를 떠난 직원도 있다. 하나투어는 시장점유율을 높여가는 한편으로 서비스 개선에도 힘썼다.

그 대표적인 사례가 여행업계 최초로 해외에 현지법인을 설립한 것이다. 여행업은 다른 어떤 산업보다도 해외 현지법인을 통한 현지 네트워크 구축이 중요한 점을 감안해 1999년 태국법인을 설립했고, 이어 사이판, 괌 등을 비롯한 동남아시아, 미주, 호주 등 모두 12곳에 현지법인을 만들었다. 올해안에 중국 베이징과 상하이에도 현지법인을 두고, 2010년까지는 세계 각국에 60여 개의 현지법인을 세울 계획이다.

이처럼 세계 곳곳에 현지법인 중심의 네트워크를 구축하려는 것은 세계의 대형 여행사들과 경쟁하기 위한 발판을 마련하기 위해서이다. 또한, 해외여행업은 양질의 서비스에 승부가 달린 만큼 현지법인을 통해 숙박이나 여행가이드 알선, 여행 스케줄 조정 등에서 보다 빠른 현지대응으로 고객의 만족도를 높이기 위해서이다. 또한, 앞으로 여행상품은 다품종 소량생산으로 다양한 선택이 가능하도록 발전해야하기 때문에 온라인 판매를 통해 절감된 비용과 수익금을 상품기획과 개발에 더 투자할 생각이다. 향후, 호텔과 항공비즈니스 등에도 진출할 계획인데, 특히 항공산업을 통해 새로운 관광지를 개척하여 하나투어을 종합여행그룹으로 키운다는 야심을 가지고 있다.

자료 : 신동아, 2003년 4월1일

제7장

서비스 마케팅

1. 마케팅의 개념
2. 마케팅 개념의 발전과정
3. 마케팅 믹스
4. 시장분석
5. 자사분석
6. 내부마케팅
7. 시장세분화, 표적시장, 포지셔닝

제7장 서비스 마케팅

1 마케팅의 개념

현재 우리가 살아가고 있는 시대를 마케팅의 시대라고 할 만큼 모든 분야에 있어서 마케팅의 중요성은 점점 증가하고 있다. 우리의 일상생활에서도 감성마케팅, 귀족마케팅, 체험마케팅, 문화마케팅, 날씨마케팅 등 우리의 일상생활과 관련된 모든 분야에서 새로운 개념의 마케팅들이 생겨나고 있다.

마케팅에 대한 정의는 1960년 미국마케팅협회(AMA : American Marketing Association)에서 처음 공식적으로 제기되었으며 여러 가지 환경의 변화와 학문적으로 마케팅이 발전하는 과정에서 마케팅에 대한 정의도 변화를 가져왔다. 현재, 가장 일반적으로 사용되고 있는 마케팅에 대한 정의는 1985년 미국마케팅협회에서 발표한 아래와 같은 정의이다.

마케팅이란 개인과 조직의 목표를 만족시켜주는 교환을 창조하기 위하여 아이디어, 재화, 서비스에 대한 개념, 가격, 촉진, 유통을 계획하고 집행하는 과정이다(Marketing is the process of planning and executing the conception, pricing, promotion, and distribution of idea, goods, and services to create exchange that satisfy individual and organization objectives).

2 마케팅 개념의 발전과정

마케팅개념의 발전과정은 생산개념, 제품개념, 판매개념, 마케팅개념, 사회적마케팅개념의 다섯 단계의 발전과정을 보이고 있다.

1) 생산개념

제품의 공급이 수요에 비해 부족한 시장환경 하에서는 제품은 만들기만 하면 판매가 된다거나 소비자들에게 저렴한 가격으로 원하는 만큼 구매할 수 있게 해주는 것이 마케팅의 중요한 기능 중 하나라고 생각하는 견해가 나타나게 된다. 이와 같이 소비자들의 수요와 욕구충족을 위해 생산성의 향상과 원가절감에 초점을 맞추어야 한다는 생산지향적인 마케팅 이념을 생산개념(production concept)이라고 한다. 이러한 상황 하에서는 기업들이 우선적으로 생산을 증가시킬 수 있는 방법을 찾는데 주력하게 된다.

2) 제품개념

제품개념(product concept)은 소비자들이 우수한 품질의 제품을 선호할 것으로 보고 최고 품질의 제품생산에 주력하는 제품지향적 마케팅 이념을 의미한다.

제품개념에 입각한 기업의 시장활동은 기본적으로 잘 만들어진 우수한 제품은 소비자들의 만족도가 상당히 높을 것이라는 가정 하에 이루어지며, 그렇기 때문에 이러한 기업의 마케팅활동은 기업의 연구개발부서에서 제품을 개발하고 생산부서에서 생산된 제품을 시장에 판매만 하는 것이다.

3) 판매개념

판매개념(selling concept)이란 판매기능을 가장 중요시하는 기업의 이념으로 이러한 기업은 어떤 제품이든 충분한 판매노력을 기울이면 판매량을 늘릴 수 있고, 소비자들은 기업이 많은 판매와 촉진활동을 하지 않으면 많은 구매를 하지 않는다고 가정한다.

따라서 판매개념을 중요시하는 기업들은 판매와 촉진활동에 초점을 맞추게 되는데 이 개념이 주장하는 근거는 소비자들에게 판매 및 촉진활동을 하지 않으면 제품의 존재를 알지 못하며 많이 구입하지 않는다는 것이다. 이와 같이 소비자 중심이 아닌 판매자 중심의 시장개념에 따라 활동하는 기업은 판매 자체가 목적이기 때문에 소비자의 구매 후 만족 여부에는 관심을 가지는 것이 어렵다.

4) 마케팅 개념

마케팅개념(marketing concept)은 판매개념 다음에 나타난 개념으로서 기업의 목표달성 여부는 시장에 있는 소비자의 욕구를 파악하고 이들에게 만족을 전달해 주는 활동을 얼마나 경쟁자보다 효율적으로 수행할 수 있느냐에 달렸다고 보는 이념을 의미한다.

판매개념과 마케팅개념의 차이점은 판매개념은 판매자의 욕구에 초점이 맞추어져 있지만 마케팅개념은 구매자의 필요와 욕구에 초점을 맞춘다는 점이다. 다시 말하면, 판매지향적 기업은 제품을 현금으로 바꾸려는 판매자의 욕구에 초점이 맞추어져 있는 반면, 마케팅 개념에 입각한 기업은 제품의 생산, 유통, 소비와 관련된 모든 활동에 있어서 소비자의 필요와 욕구를 만족시키는데 초점을 두고 있다는 것이다.

또한, 마케팅 개념은 제품생산에서부터 유통, 판매 후 관리까지 통합적 마케팅을 통해 소비자들의 필요와 욕구를 최대한 충족시키는 것을 마케팅 활동에 있어서 가장 중요한 과제로 본다.

5) 사회적 마케팅 개념

사회적 마케팅개념(societal marketing concept)은 소비자들의 단기적인 욕구와 만족을 충족시키는 것도 중요하지만 사회 전체적인 이익과 복지의 증진도 매우 중요하다고 보는 마케팅이념을 의미한다. 최근, 기업들은 기업을 둘러싸고 있는 여러 가지 환경의 변화들로 인하여 마케팅활동의 의사결정 시 사회의 관심사를 함께 고려해야 할 필요가 있게 되었는데, 이렇게 사회적 마케팅개념에 입각한 기업은 기업의 이윤추구, 소비자의 필요 및 욕구충족과 더불어 사회전체의 이익과 복지도 조화롭게 고려해야 할 것이다. 최근, 자연환경문제를 고려해서 공해를 줄이는 제품생산과 기업의 공해방지시설 설치 등을 강조하는 그린마케팅(green marketing) 등도 사회적 마케팅개념의 한 예라고 할 수 있다.

3 마케팅 믹스

마케팅 믹스(marketing mix)란 마케팅 프로그램과 전략개발을 위해 사용할 수 있는 통제가능한 마케팅 도구들의 집합을 말하며, 마케팅 믹스의 결과로 얻어진 최종의사결정의 내용을 마케팅 프로그램(marketing program)이라고 한다.

고객의 욕구를 충족시켜주는 교환을 창출하기 위해서는 마케팅전략을 수립하고 그에 따라 마케팅활동을 수행해야 하는데, 마케팅 전략의 핵심은 표적시장을 선정하고 그 시장의 고객욕구를 충족시키는 마케팅 믹스를 개발하는 것이다. 마케팅 믹스는 제품(product), 가격(price), 유통(place), 촉진(promotion) 등 네 가지 요소로 구성되어지며 모두 영어 알파벳 'P' 로 시작되기 때문에 4P' s라고도 한다.

마케팅 믹스의 구성요소들 상호 간에는 서로 영향을 미치게 되며 이들 4개의 요소를 어떻게 조합하느냐에 따라서 마케팅 성과는 많은 차이를 나타낼 수 있다.

1) 제품

제품(product)은 교환을 위해 시장에 제공되는 제품, 서비스, 아이디어, 장소 등 교환제공물로 품질, 기능, 디자인, 브랜드 등 제품의 구성요소들이 마케팅 믹스 전략의 도구로 사용된다.

2) 가격

가격(price)은 제품의 거래조건을 구성하는 것으로써 제품과 서비스의 효용 및 가치를 금액으로 표시한 것이라고 할 수 있다.

3) 유통

유통이란 생산된 제품이나 서비스를 소비자에게 이전하는 과정을 의미하며, 유통경로(channel of distribution)란 제품이나 서비스를 생산자로부터 소비자에게 이전되어 가는 과정에 거치게 되는 경로를 의미하는 것으로, 이 과정에 참여하는 모든 개인 및 조직의 집합체로 구성되어진다. 유통(place)은 유통기관, 유통경로, 유통방식 등이 전략수단으로 사용된다.

4) 촉진

촉진(promotion)은 소비자와 커뮤니케이션을 하기 위해 사용하는 수단들인 광고, 판매촉진, 인적판매, 홍보 등이 마케팅 믹스 전략의 수단으로 작용된다.

4 시장분석

일반적으로 시장분석을 실시하게 되는 목적 중 하나는 현재의 경쟁자 및 잠재적 진입자가 특정산업에 대해 느끼는 매력도를 측정하는 것인데, 시장분석은 아래와 같은 요소들로 구성되며 특정시장에 참가한 기업의 장기적 투자

수익률로 측정될 수 있는 시장의 이익 잠재력이 바로 시장의 매력도를 의미한다.

1) 시장규모

시장규모는 자사제품의 판매가 얼마나 될 수 있을 것인가를 결정짓는 가장 기본적인 요소로, 일반적으로 큰 규모의 시장은 작은 규모의 시장에 비해 더 많은 이윤창출의 기회를 제공하기 때문에 그 만큼 시장에 대한 매력도가 높다고 할 수 있다. 그러나, 큰 규모의 매력도를 지닌 시장일수록 그만큼 더 경쟁을 치열하게 된다.

2) 시장성장률

시장성장률이 높은 시장은 잠재적으로 기업들이 이윤 창출의 기회가 더 많기 때문에 매력적으로 느끼지만 많은 기업의 시장진입으로 인하여 그 만큼 경쟁은 더욱 치열하게 된다.

3) 제품수명주기 단계

일반적으로 제품수명주기(product life cycle)는 도입기, 성장기, 성숙기, 쇠퇴기로 나누어지는데 도입기는 초기단계로서 판매가 낮은 속도로 증가하는 단계이며, 성장기는 제품의 판매가 급속히 증가하는 단계이며, 성숙기는 제품의 판매증가가 둔화되지만 판매가 최고조에 달하며, 쇠퇴기에는 판매가 감소하는 시기이다. 일반적으로 기업들에게는 성장기에 해당하는 시장이 매력적이지만 반드시 그렇지 만은 않다고 할 수 있다.

그러므로 각 제품수명주기의 단계별로 시장의 매력도가 고정되어진 것은 아니며, 같은 단계에 있는 시장이라도 그 세부상황과 기업의 사정에 따라 매력도는 달라질 수 있기 때문에 각 기업은 현재 시장이 제품수명주기상에 속한 단계와 현재 자사가 보유한 기술 및 제품의 특징을 함께 고려하여 시장의 매력도를 평가해야 한다.

4) 수익성

수익성(profitability)은 시장마다 차이가 있는데 시장에 따른 수익성의 차이는 그 산업의 생산방식이 노동집약적인지, 자본집약적인지, 경쟁강도, 제조기술등에 의해서 유발된다. 위의 요소들을 평가해서 수익성이 높은 시장은 매력도가 높은 시장이라고 할 수 있다.

5) 판매의 주기성

관광시장의 경우 성수기와 비수기가 뚜렷하게 구별되어 매출액이 규칙적인 주기를 보이면서 오르락 내리락 하게 된다. 이렇게 판매의 주기성이 다른 산업보다 높은 시장은 일반적으로 다른 산업에 비해 매력도가 떨어지게 된다. 물론, 기업은 이러한 시장의 주기성을 먼저 파악한 후 자사의 능력이 환경과 맞는지 평가해 보아야 한다.

5 자사분석

1) 자사분석 내용

(1) 성과분석

일반적으로 자사분석은 성과분석을 기초로 하게 되며 이러한 분석을 통해서 기존의 사용하고 있는 전략을 검토하고 전략의 수정여부를 결정하게 된다. 성과분석은 기업의 장기적 혹은 단기적 사업목표를 고려해서 분석되어야 하며 그 목표에 따라서 성과측정의 해석이 달라져야 한다.

(2) 원가분석

기업이 시장에서 경쟁우위를 확보하는데 가장 중요한 요인 중 하나가 원가상의 우위를 확보하는 것이기 때문에 자사분석에 있어서 원가분석을 하는 것은 매우 중요하다. 원가분석에는 현재의 원가구조와 원가수준을 파악하고, 미래의 원가구조와 원가수준 파악, 경쟁자가 비교한 현재 및 미래의 원가우위 지속여부 등을 파악하는 것이 포함된다.

(3) 강점과 약점

자사의 강점과 약점을 분석할 때 주요 경쟁자를 비교대상으로 하여 시장전략을 위한 자사의 강점과 약점이 평가되고 분석될 수 있다. 이러한 기업의 강점과 약점에 대한 분석은 현재는 물론 앞으로 다가 올 미래의 상황까지도 분석되어져야 하며 현실적으로 마케팅, 재무, 인사, 생산 등의 경영기능을 중심으로 접근하는 것이 효과적이다.

(4) 기업 내부능력의 분석

기업은 원활한 마케팅활동의 수행을 위해 기업내부의 생산, 인사, 연구개발, 관리 등 많은 다른 부서들과 긴밀한 관계를 유지해야 한다. 이와 같이 마케팅활동은 독립적인 기능이 아니라 기업 내의 다양한 부서들의 의사결정에 영향을 미치기 때문에 기업 내 여러 부서의 내부능력을 분석하는 것이 중요하다.

(5) 과거와 현재의 전략

기업의 강점과 약점을 결정하기 위해서는 과거와 현재의 전략을 검토해야 하는데 기업의 기본전략이 무엇인지를 이해하게 되면 조직의 강점과 약점이 무엇인지를 제대로 이해하는데 도움이 될 수 있다.

2) SWOT 분석

전략수립은 기회를 활용하고 위협을 회피하거나 새로운 기회로 변화시키기 위한 것이며, 환경변화에 따라 기회와 위협이 교차한다면 바람직한 전략대안을 어떻게 선택할 것인가 하는 문제가 제기되는데, 이러한 문제해결을 위하여 조직능력의 관점에서 일정시점의 주요 환경요인을 기회와 위협으로 분류하고 이들을 전략적 관점에서 자사의 강 · 약점과 결합시켜 효과적인 전략을 수립하는 과정이 SWOT분석이다.

다시 말하면 SWOT 분석은 강점(Strengths), 약점(Weaknesses), 기회(Opportunities), 위협(Threats)의 매트릭스를 통해서 바람직한 전략을 수립하는 과정을 의미한다. 여기서 강점과 약점은 내부적 요인이므로 통제가 가능하지만 기회와 위협은 외부적 요인이므로 통제가 불가능하다.

6 내부마케팅

1) 내부마케팅의 정의

기업들은 두 종류의 고객들을 소유하고 있는데 한 가지는 외부고객이고, 다른 한가지는 기업의 내부고객인 종업원들이다. 한 마디로 내부마케팅을 정의하면 종업원을 최초로 고객으로 보고 그들에게 서비스 마인드나 고객지향적 사고를 심어주며, 더 좋은 성과를 낼 수 있도록 동기부여하는 활동이라고 정의할 수 있다(이유재, 2004: 292).

한편 Berry는 내부마케팅은 외부고객에게 서비스를 제공하는 사람들이 최고의 사람들로 고용되고 유지되며, 또 그들이 가능한 한 최선의 일을 할 수 있도록 마케팅을 실천하는 철학적 적용이라고 하였다(Berry, 1984: 271~278). 외부고객만족을 위해서는 좋은 제품이나 서비스가 필요하듯이 내부고객을 만족시키기 위해서도 좋은 제품과 서비스가 필요하다.

내부고객을 만족시키기 위한 좋은 제품이나 서비스란 종업원에게 동기를 부여시키는 작업환경 · 관리방법 · 인사정책 등을 의미한다.

2) 내부마케팅의 목적

내부마케팅(internal marketing)은 내부고객인 종업원들에게 동기를 부여시키는 것에 초점을 맞추고 있다. 기업이 내부고객인 종업원들의 욕구를 만족시키는 것이 곧 외부고객의 욕구를 만족시키는 것이라고 가정하는 것이다. 성공적인 내부 마케팅을 위해서는 종업원의 역할과 중요성을 인식하고 좋은 내부 마케팅의 상품개발도 중요하다.

3) 효율적인 인적자원관리

(1) 채용

기업이 우수한 종업원을 채용하는 것은 매우 중요한 일이다. 특히 서비스 기업은 서비스능력(service competencies)뿐만 아니라 서비스성향(service inclination)을 고려해야 한다. 서비스능력이란 기술이나 지식 또는 신체적 조건이나 학위 등을 의미하지만, 서비스성향이란 가치관 · 태도 등을 의미하는 것으로서 남을 기꺼이 도우려는 성향과 사려깊음 및 사교성 등이 이에 속한다.

(2) 교육과 훈련

내부마케팅에 있어서 가장 중요한 부분 중 하나는 종업원들의 교육과 훈련이다. 고객중심의 종업원을 양성하기 위해서는 종업원들의 사고와 기능을 개발하는 교육훈련이 필요하며, 이는 크게 세 가지 형태의 훈련으로 나눌 수 있다(이유재, 2004 : 397~407 ; 신혜숙, 2004 : 227~228 재인용).

첫째, 서비스전략이 어떻게 작용하는가, 다른 종사원 및 부서와 고객과의 관계에 있어서 자신의 역할은 무엇인가에 대한 전체적인 이해를 제공한다.

둘째, 서비스전략과 마케팅지향적 성과에 대한 호의적 태도를 개발하고 향상시킨다.

셋째, 종사원들의 커뮤니케이션과 판매 및 서비스기술을 개발시키고 향상시킨다.

(3) 임파워먼트

임파워먼트(empowerment)는 종업원에게 상황에 따른 의사결정권한을 부여하는 것을 의미한다. 고객의 만족을 위해서는 종업원에게 상황에 따른 의사결정권한을 부여하는 것이 필요하다. 이러한 임파워먼트를 통해서 고객만족을 증대시킬 수 있으며, 내부 마케팅 측면에서는 종업원들의 직무만족을 가져올 수 있다.

7 시장세분화, 표적시장, 포지셔닝

1) 시장세분화

(1) 시장세분화의 개념

시장세분화(market segmentation)란 전체시장을 공통적인 특성을 가진 구매자들끼리 그룹으로 나누는 과정을 의미한다. 또한 이렇게 나누어진 동질적인 부분시장을 세분시장(market segment)이라고 하며, 이러한 세분시장 중 마케터들이 구체적인 마케팅 믹스(marketing mix)를 개발하여 초점을 맞추고 있는 시장을 표적시장(target market)이라고 한다. 표적 마케팅(target marketing)은 이러한 표적시장에 대해서 마케팅활동을 펴는 것을 의미한다.

(2) 시장세분화의 이점

시장세분화는 인구증가가 둔화되고 보다 많은 제품들이 성숙기에 접어들면서 기업들이 시장점유율 획득과 브랜드 확장·확대 등을 통해 성장을 추구하기 때문에 시장에서 경쟁이 점점 치열해지면서 더욱 중요성이 증대하고 있다. 또한 고객들의 욕구와 취향의 다양화도 시장세분화의 중요성을 증가시키는 한 요인으로 작용하고 있다.

시장세분화는 다음과 같은 이점이 있다.

❶ 시장기회를 보다 쉽게 찾아낼 수 있다. 각각의 세분시장의 욕구와 이들을 대상으로 하는 상품들을 살펴보면, 충족되지 못한 고객의 욕구를 찾아낼 수 있는데, 이것이 바로 시장기회이다. 이러한 시장기회를 이용하여 그 세분시장에 적합한 상품을 개발할 수 있게 된다.

❷ 마케팅 믹스를 보다 효과적으로 조합할 수 있다. 세분시장의 특정요구에 초점을 맞춰 제품 · 가격 · 유통경로 · 촉진 등의 마케팅 믹스요인들을 일관성있게 조화시켜 고객들이 제품을 명확하게 이해하고 인식할 수 있게 하고, 경쟁제품과도 차별화시킬 수 있게 된다.

❸ 시장수요의 변화에 신속하게 대처할 수 있다. 세부시장은 전체시장보다 규모가 작기 때문에 기업은 수요의 변화를 쉽게 파악할 수 있고, 세분시장의 수요변화에 대해서도 신속하게 대응할 수 있게 된다.

(3) 시장세분화의 요건

시장세분화를 하는 목적 중 가장 중요한 것이 마케팅 믹스를 효과적으로 활용하려는 것이다. 이러한 목적을 달성하기 위해서는 가장 적절한 방법으로 시장세분화를 해야 하는데, 이를 위해서는 각각의 세분시장이 다음과 같은 요건을 갖추어야 한다.

가) 측정가능성

시장세분화 변수들 중에는 측정하기 어려운 변수들도 있는데, 측정가능성(measurability)이란 세분시장의 규모와 구매력(purchasing power)을 측정할 수 있는 정도를 의미한다.

나) 세분시장 내의 동질성

세분시장 내의 동질성(homogeneous-within)이란 각 세분시장 내의 소비자들이 시장세분화를 위한 변수의 측면에서 가능하면 서로 비슷하여야 한다는 것을 의미한다. 예를 들면, 우리나라 자동차시장을 소득수준과 가족수를 기준으로 세분화한다고 하였을 때, 각 세분시장 내 소비자들의 소득기준과 가족수가 서로 유사해야 한다는 것이다.

다) 세분시장 간의 이질성

세분시장 간의 이질성(heterogeneous-between)이란 시장세분화가 효과적으로 이루어지기 위해서는 각 세분시장 간 소비자들의 특성이 서로 달라야 하는데, 이것을 세분시장간의 이질성이라 한다.

라) 규모

어느 한 세분시장을 표적시장으로 삼아서 마케팅 믹스를 제공하는 데에는 상당한 비용이 투입되기 때문에 적어도 하나의 세분시장의 규모(size)가 독자적인 마케팅 프로그램을 시도할만한 크기가 되어야 한다.

마) 접근가능성

접근가능성(accessibility)이란 세분시장에 접근할 수 있고 그 시장에서 활동할 수 있는 정도를 의미한다. 충분한 규모의 세분시장이 존재하더라도 세분시장을 연결해 줄 매개체가 없으면 시장세분화는 성공하기 힘들다.

(4) 시장세분화의 기준

시장세분화는 효과적인 마케팅 믹스를 위해서 이질적인 전체시장을 동질적인 세분시장으로 나누는 것으로, 전체시장을 세분시장으로 나누는 기준이 되는 변수를 시장세분화변수(market segmentation variables)라고 한다. 일반적으로 사용되는 시장세분화변수는 지리적 변수, 인구통계적 변수, 심리적 변수, 행동분석적 변수 등이 있다.

가) 지리적 변수

지리적 변수(geographic variables)는 시장을 국가 · 도 · 시 · 군 등의 지역, 도시와 시골, 기후 등에 의해서 세분화하는 변수이다.

나) 인구통계적 변수

인구통계적 변수(demographic variables)는 연령 · 성별 · 소득 · 학력 · 직업 · 종교 및 결혼 여부 등의 인구통계적 변수를 기준으로 시장을 세분화하는 변수이다. 인구통계적 변수는 고객의 욕구 및 구매행동과 밀접하게 관련되어 있는 경우가 많으며, 다른 변수들에 비하여 측정이 비교적 쉽기 때문에 가장 많이 사용되는 변수라고 할 수 있다.

다) 심리적 변수

심리적 변수(psychographic variables)는 사회계층 · 라이프스타일 · 개성 등으로 시장을 세분화하는 것이다. 사회계층(social class)은 비슷한 수준의 사회적 지위와 경제력을 지닌 사람들의 집합으로 같은 계층구성원들끼리는 가치관 · 사고방식 · 행동 · 태도의 면에서 많은 공통점을 가지고 있다. 심리적 변수 중 가장 대표적인 것이 라이프스타일(life style)인데, 주로 사람들의 활동(activity), 관심(interest), 의견(opinion)을 기준으로 집단을 분류하는데, 영문표기의 머릿글자를 따서 AIO분석이라고도 한다.

개성(personality)은 개인의 내적 · 외적 기질을 말하는 것으로 Horney는 사람의 주요한 개성을 순응형 · 공격형 · 고립형으로 분류하였다. 심리적 변수에 의한 세분화는 시장을 보다 효과적으로 세분화할 수 있게 해주고 많은 정보를 제공해주지만, 몇 가지 한계점을 지니고 있다.

먼저 지리적 변수나 인구통계적 변수는 비교적 개념이 분명하지만 심리적 변수는 변수의 정확한 측정이 어려운 점이 있다. 또한 심리적 변수와 고객욕구 사이에 상관관계가 모호한 경우가 많으며, 세분화의 기준이 추상적일 경우에는 세분화에 대한 효과적인 접근매체가 없어서 어려움이 있다.

라) 행동분석적 변수

위에서 언급된 지리적 · 인구통계적 · 심리적 변수들은 모두 고객의 특징에 초점을 맞춘 분석방법이었다. 그러나 행동분석적 변수(behavioral variables)는 소비자와 상품과의 관계에 초점을 두는 세분화의 기준이다. 세분화의 기준으로는 소비자가 상품에 대해 나타내는 반응을 토대로 추구하는 편익 · 사용량 · 상표충성도 등이 있다.

(5) 호텔관광산업의 시장세분화

관광시장은 다양한 관광객의 욕구로 인해 다수의 이질적인 시장으로 구성되어 있다고 볼 수 있다. 관광시장은 인구통계적 · 사회경제적 기분, 심리적 기준, 지리학적 기준, 여행목적기준, 유통경로기준, 행동기준, 편익기준, 구매계기기준 등 8가지로 세분화할 수 있다.

가) 인구통계적 · 사회경제적 세분화

이 기준은 통계자료의 수집과 매체 및 조사를 통한 각종 정보의 비교와 적용, 자료의 해석과 응용의 용이성으로 인해 현재까지 시장세분화의 기준으로 가장 많이 활용되고 있다. 일반적으로 연령과 수익은 레크레이션 참여의 주요변수임은 부정할 수 없으나 시장을 세분화할 때 이러한 변수들만으로는 세분시장에 속한 구성원들이 유사한 선호를 가지고 있다고 보기 힘들기 때문에 불완전한 점이 많이 있다.

나) 심리적 세분화

관광객은 여행상품의 구매시에 그 선택기준이 이상적이거나 경험적 가치보다는 준거집단의 형태를 모방하거나 답습하려는 성향이 많으며, 타인을 의식하고 타인과의 경쟁심리가 많이 작용되므로 심리적 세분화 방법이 최근에 주목받고 있다. 심리적 세분화는 실행상 어려움이 많고 비용이 많이 드는 단점에도 불구하고 기존의 분석방법에 의해 획득된 정보를 보완하여 활용되면 고도로 전문화되고 광범위하게 개발된 관광시장에서 많은 효과를 거둘 수 있을 것이다.

다) 지리적 세분화

지리적 세분화는 세분시장의 경계가 명확하다는 장점이 있지만, 통신과 교통수단이 발달한 요즘에는 지리적 세분화가 동질성을 가지고 있다고 기대하기 어렵다. 하지만 이와 같은 이유에도 불구하고 지리적 세분화를 고려하는 이유는 대부분의 매력적인 관광목적지는 대조적인 기후와 경관미 등에 의존하고 있는 것이 현실이고, 이것은 관광객송출지와 관광목적지간의 거리를 의미하기 때문이다. 또한 지리적 세분화는 목표시장에 접근하기 위한 수단을 제시해 주고, 잠재고객이 소재하고 있는 곳을 알게 해 줌과 동시에, 이들과 커뮤니케이션을 가능하게 해줄 방안을 제시해주기 때문이다.

라) 여행목적별 세분화

여행목적별 세분화는 관광시장을 비즈니스 여행시장과 관광목적 여행시장으로 세분화하고 있다. 예를 들면, 싱가포르에 위치한 호텔들은 관광시장을 단체시장과 개인시장으로 나누고, 다시 단체시장은 그룹투어 · 국제회의 · 항공사승무원 등으로 분류하고, 개인시장은 개인여행객과 빈번한 여행객(frequent traveler) 등으로 세분화하고 있다.

마) 행동적 세분화

행동적 세분화는 실제의 관광상품이나 여행상품 속성에 대해 여행객이 지닌 지식 · 태도 · 용도 및 반응, 이용률, 추구편익, 구매계기, 여행객의 지위, 상표집착도 등을 기준으로 해서 세분화하는 것이다.

바) 편익 세분화

편익 세분화는 관광상품을 구매한 후 여행객이 느끼는 효익에 대한 상대적인 중요성을 기초로 해서 시장을 세분화하는 방법이다. 편익 세분화를 실시할 때는 여행객들이 관광상품계층에서 얻으려는 주요혜택이 무엇이고, 각 혜택을 찾는 여행객들의 유형은 어떠하며, 각 혜택을 줄 수 있는 상표품은 무엇인지 결정해야 한다.

사) 구매계기의 세분화

구매계기의 세분화는 관광기업의 서비스를 구매하는 경우 구매계기에 따라 관광객을 세분화하는 것이다. 예를 들면, 여행객을 업무 · 휴가 · 가족여행 등으로 구분하는 경우인데, 이러한 구매계기의 세분화를 통해서 여행사는 전문적인 상품개발이 가능하게 된다.

2) 호텔관광 표적시장

시장세분화는 표적시장 선정을 위한 준비단계인데, 시장세분화를 통해 나누어진 세분시장 중에서도 구체적인 마케팅 믹스(marketing mix)를 개발하여 대상으로 삼으려는 세분시장을 표적시장(target market)이라 한다. 기업이 여러 개의 세분시장 중 표적시장을 선정할 때 고려해야 할 요인은 세분시장의 전반적인 매력성과 기업의 목표 및 보유하고 있는 자원과 능력이다. 전반적인 시장의 매력성이란 세분시장의 규모 · 성장성 · 수익성 · 경쟁정도 · 위험도 · 규모경제 등을 분석한 것이다. 또한 표적시장을 선정할 때에는 기업의 목표와 일치하는지와 이를 위해 기업이 보유하고 있는 자원과 능력을 고려해야 한다.

3) 호텔관광 포지셔닝

(1) 포지셔닝의 개념

Al Ries와 Jack Trout(1972)가 고객의 마음에 자리잡기 위한 광고나 촉진노력의 중요성을 설명하기 위해 도입한 포지셔닝(positioning)이란 용어는 시장 내 고객들의 마음에 위치잡기라는 의미를 갖는다. 시장에서 기업의 포지셔닝전략은 시장세분화를 기초로 정해진 표적시장 내 고객들의 마음에 시장분석, 고객분석, 경쟁분석 등을 기초로 하여 얻은 전략적 위치를 계획한다는 의미를 갖는다. 즉, 시장에서의 차별적 위치를 차지하여 고객욕구를 충족시키는 서비스를 표적시장에 제공하는 것이다(이유재, 2004 : 72).

서비스 제품의 포지션(position)은 고객이 서비스를 지각하는 방식을 의미하는데, 특히 경쟁기업의 서비스와 관련이 많다고 할 수 있다. 포지셔닝은 현재 제공되고 있는 서비스의 이미지를 고객들의 마음속에 유지시키고 강화시키는데도 매우 중요한 부분이라고 할 수 있는데 예를 들어 Marriott Corporation의 다른 브랜드인 Residence Inn은 **집으로부터 떨어져 있는 집**이란 이미지로 장기 투숙객들에 포지셔닝 되어 있다. Marriott Corporation은 여러 서비스마케팅요소들을 이용하여 고객들에게 이러한 포지셔닝이 되도록 하였는데 브랜드 네임 자체가 표적시장의 특성을 잘 요약해서 나타내고 있다. 또한, 호텔의 커뮤니케이션에 집(home)과 이웃(neighborhood)이란 단어를 자주 사용하였고 시설로 인한 커뮤니케이션 역시 부엌을 갖추고 있고 거실과 벽난로까지 설치하여 최대한 집과 같은 느낌이 나도록 하였다.

(2) 포지셔닝 전략

기업은 다양한 방법으로 제품이나 서비스를 포지셔닝시킬 수 있다. 포지셔닝의 유형을 살펴보면, 소비자 포지셔닝과 경쟁적 포지셔닝을 구분할 수 있다. 소비자 포지셔닝은 소비자에 관심을 두고 기업의 제품이나 서비스를 소비자 마음속에 자리매김하는 것이다.

소비자 포지셔닝은 속성, 이미지, 사용상황 및 사용목적, 제품사용자에 의한 포지셔닝이 있다. 속성에 의한 포지셔닝은 제품의 속성 및 고객의 혜택과 관련하여 포지셔닝하는 방법으로 예를 들면, 볼보 자동차 같은 경우는 튼튼하고 안전한 차로 소비자들에게 포지셔닝되어 있다. 이미지 포지셔닝은 말 그대로 이미지를 포지셔닝하는 것으로 의류 · 보석 등에 많이 사용된다. 사용상황 혹은 사용목적에 의한 포지셔닝의 예로는 이온음료를 들 수 있는데, 이온음료는 운동 후 빠른 갈증해소로 포지셔닝되어 있다. 제품사용자에 의한 포지셔닝은 특정한 개인이나 집단에 초점을 맞추어 포지셔닝하는 것을 의미한다.

(3) 지각도

지각도(positioning map)란 여러 가지 평가할 수 있는 차원에 따라 제품이나 브랜드의 위치를 나타내는 것이다. 즉, 지각도는 제품의 심리적인 포지셔닝을 위한 하나의 강력한 도구로 사용되는 기법으로, 소비자가 제품 · 브랜드 등에 대한 신념과 선호도를 형성하는데 고려하는 여러 가지 제품속성을 2~3개의 차원으로 압축하여 차원들 사이의 제품지각공간을 형성한 다음, 제품들의 전반적인 유사성이나 선호도에 대한 소비자조사를 근거로 각 제품 브랜드 등을 기하학적인 거리로 환산하여 공간상에 표시하는 것이다.

제8장

마케팅 전략

1. 제품전략
2. 가격전략
3. 유통전략
4. 촉진전략
5. 국제마케팅의 이해

제8장 마케팅 전략

1 제품전략

1) 제품의 이해

(1) 제품의 개념

제품(product)이란 소비자의 필요(needs)와 욕구(wants)를 충족시켜 줄 수 있는 모든 것을 의미하는 것으로, 유형적인 제품, 무형적인 서비스, 사람, 관광지와 같은 장소 등을 모두 포함한다. 제품이 소비자의 욕구를 충족시켜 줄 수 있는 것은 그 제품이 지니고 있는 속성(attribute) 때문인데, 이러한 제품의 속성들은 핵심제품(core product), 유형제품(tangible product), 확장제품(augmented product)의 세 가지 차원들로 구성된다.

(2) 제품의 구성요소

소비자들은 자신의 욕구를 충족시키기 위하여 제품을 구입하게 되는데 실제로 소비자들이 원하는 것은 구매하는 제품으로부터 얻게 되는 혜택의 조합이라고 할 수 있다.

동일한 제품에 대해서도 소비자들마다 얻는 혜택이 다르기 때문에 마케팅 관리자들은 제품을 구성하는 요소들을 효과적으로 통합하여야 한다. 제품을 구성하는 요소들은 품질, 디자인, 상표, 포장으로 분류할 수 있다.

가) 품질

품질이란 특정제품이 그 기능을 수행할 수 있는 능력을 말하는 것으로 품질의 측정에 사용되는 구성요소로는 다음과 같은 것들이 있다(David A. Garvin, Competing on the Eight Dimensions of Quality, Harvard Business Review, November/December 1987, pp. 101~109).

- 성능(performance) 특정 제품 또는 서비스가 정해진 디자인 요건과 작동요건을 충족시키는 정도를 말한다. 예를 들어 오디오의 음질과 같이 고객이 그 제품으로부터 추구하는 주요 혜택에 의하여 측정된다.
- 부속기능(features) 2차적인 혜택을 제공하는 보조적인 기능들을 말한다. 예를 들어 900MHZ 무선전화기에는 상표에 따라 수화기를 들지 않고도 통화할 수 있는 자동통화기능이 있는가 하면, 수화기를 잘못 놓아도 1분이 지나면 통화기능 상태로 전화되는 안심기능도 있다.
- 신뢰성(reliability) 일반적으로 시초 고장까지의 평균시간, 고장 간의 평균 시간 및 단위기간 동안의 고장률 등으로 측정된다.

- **내구성(durability)** 제품의 수명과 견고성을 말한다.
- **서비스 용이성(serviceability)** 제공되는 서비스의 속도, 고객우대, 적합성 및 고장시 수선 용이성 등을 말한다.
- **심미성(aesthetics)** 주로 제품의 감각적 가치로 외관과 느낌 등을 포괄하는 것이다.
- **명성(reputation)** 기업명 또는 상표명에 의한 인기도를 말한다.
- **적합성(conformance)** 특정 제품 또는 서비스가 표준으로부터 벗어나는 빈도와 정도를 말한다.

기업의 입장에서 품질을 관리한다는 의미는 소비자들이 불편해하는 결함을 줄이는 것 뿐만 아니라 소비자들의 품질에 대한 욕구와 선호를 더욱 잘 충족시켜 줄 수 있는 제품을 제공함으로써 경쟁기업보다 경쟁우위를 확보하는 것을 말한다.

나) 디자인

제품 디자인은 자사의 제품을 차별화할 수 있는 하나의 수단이 될 수 있을 뿐만 아니라 탁월하고 우수한 디자인은 소비자에게 더 많은 구매의 유인을 제공할 수 있다. 제품 디자인에는 색, 크기, 형태, 재료, 무게 등이 포함되며 제품사용의 편리성과 유용성도 제고해야 한다.

최근, 디자인의 중요성은 더욱 부각되고 있으며 소비자의 편리성을 높은 디자인을 가진 제품의 성공확률은 더욱 높아진다고 할 수 있다.

다) 상표

상표(brand)란 특정 판매업자의 제품이나 서비스를 다른 판매업자들로부터 식별하고 차별화시키기 위하여 사용되는 명칭, 말, 상징, 기호, 디자인, 로고와 이들의 결합체라고 정의할 수 있다. 또한, 상표의 개념으로는 상표명, 상표마크, 등록상표 등이 있다.

상표명(brand name)은 코카콜라, 폴로 등과 같이 상표 중에 말로 발음하고 나타낼 수 있는 문자, 단어, 숫자부분을 말하며, 상표마크(brand mark)는 폴로의 말과 같이 상표 중에 상징, 디자인, 독특한 색상이나, 문자와 같이 인식은 되지만 말로 표현할 수 없는 부분을 말한다. 등록상표(trade mark)는 그 상표의 독점적 사용이 법적으로 보장되어 보호받을 수 있는 상표를 의미한다.

라) 포장

일반적인 포장의 기능에는 제품의 소비가 완료될 때까지 내용물을 보호하는 보호기능과 보관기능, 사용의 편리성을 높여주는 기능, 촉진기능 그리고 제품폐기를 용이하게 해주는 기능 등이 있다. 이렇게 포장은 여러 가지 기능을 가지고 있지만 최근에는 포장이 마케팅 수단으로서 수행하는 기능이 보다 중시되고 있는 경향을 보이고 있다.

표 7-1 2003년 세계 Top 10 브랜드 자산의 가치 (단위 : 십억 달러)

순위	브랜드	가치
1	COCA-COLA	70.45
2	MICROSOFT	65.17
3	IBM	51.77
4	GE4	2.34
5	INTEL	31.11
6	NOKIA	29.44
7	DISNEY	28.04
8	McDONALD' S	24.70
9	MARLBORO	22.18
10	MERCEDES	21.37

자료 : Financial Times (2008)

(3) 제품의 분류

제품은 크게 소비재와 산업재로 구분되는데, 소비재는 소비자가 최종소비를 위해 구매하는 제품이며, 산업재는 다른 제품의 생산이나 사업을 위해 구매되는 제품을 의미한다. 소비재는 소비자의 쇼핑습관에 따라 편의품 · 선매품 · 전문품 · 미탐색품 등으로 분류할 수 있다. 편의품(convenience goods)은 소비자가 최소의 노력으로 자주 구매하는 제품을 의미하며, 다시 필수품(staple goods), 긴급품(emergency goods), 충동품(impulse goods)으로 분류할 수 있다.

선매품(shopping goods)이란 소비자가 가격 · 품질 · 디자인 등을 평가해서 탐색한 후 구매되는 제품을 말한다. 선매품은 편의품보다 구매빈도는 낮지만 가격이 높은 편이다.

전문품(specialty goods)은 소비자가 제품을 구매할 때 많은 탐색노력을 기울이는 제품을 말한다. 전문품은 일반적으로 상표인지도와 상표충성도가 높으며, 대표적인 전문품으로는 고가의 자동차와 시계들을 예로 들 수 있다.

미탐색품(unsought goods)이란 소비자들이 평소에 거의 제품탐색 의도를 보이지 않는 제품을 말한다.

(4) 호텔관광상품의 분류

관광상품은 관광기업이 현재 및 잠재고객을 대상으로 제공하는 유형적 상품과 서비스, 아이디어, 정보 등을 포함하는 개념으로, 유형적 요소보다 무형적 요소가 더 많은 서비스 상품이라고 할 수 있다.

서비스는 핵심서비스(core service)와 부가서비스(supplementary service)로 구분되는데 핵심서비스란 서비스상품의 판매에 있어 주된 요소가 되는 서비스를 말하며, 부가서비스는 핵심서비스를 판매하기 위하여 보조적인 역할을 하는 서비스를 말한다.

예를 들어 호텔에서 제공하는 핵심서비스는 숙박 및 식음료 판매와 관련된 서비스이며, 부가서비스란 종사원의 친절, 호텔 내외의 정보제공, 비즈니스와 관련된 편의제공 등이라 할 수 있다. 하지만, 관광기업의 핵심서비스는 거의 비슷하기 때문에 핵심 서비스만으로는 경쟁기업과 차별화하기 어려운 것이 사실이다. 따라서 부가 서비스측면의 차별화를 시도하는 것이 보다 유용하다고 할 수 있다(신혜숙, 2004 : 128~129).

관광상품은 숙박상품 · 식음료상품 · 교통상품 · 관광편의품 · 쇼핑상품 · 관광명소상품 · 관광활동상품 · 관광이벤트상품 등으로 분류 할 수 있다(이정학, 2003 : 133~135).

- **숙박상품** 관광호텔 · 수상관광호텔 · 가족호텔 · 한국전통호텔 · 콘도미니엄 · 모텔 · 여관 · 유스호스텔 · 방갈로 · 펜션 등의 객실 상품을 말한다.
- **식음료상품** 호텔 레스토랑 및 주장 · 관광식당 · 일반음식점 · 유흥음식점 · 간이음식점 등에서 제공하는 음식과 음료 등의 상품을 말한다.
- **교통상품** 항공기 · 선박 · 유람선 · 버스 · 기차 등의 객석 및 렌터카 등의 상품을 말한다.
- **관광편의품** 관광활동에 필요한 물품, 즉 모자 · 의복 · 선글라스 등의 상품을 말한다.
- **쇼핑상품** 기념품 · 토산품 · 특산품 등의 상품을 말한다.
- **관광명소상품** 박물관, 전시관, 기념관, 문화유적지, 명승지, 휴양지, 민속촌, 주제공원, 생태관광지, 재래시장, 건축물, 자연 그 자체 및 형상물 등을 이용한 상품을 말한다.
- **관광활동상품** 온천, 스포츠활동, 전통체험(김치, 도자기 등), 카지노 등의 체험상품을 말한다.
- **관광이벤트상품** 축제 · 공연 · 스포츠경기 · 박람회 등의 이벤트적 상품을 말한다.
- **기타** 기후 · 친절성 · 이미지 · 민족성 · 신기성 등을 관광상품화한 것을 말한다.

2) 제품수명주기

(1) 제품수명주기의 개념

제품수명주기(product life cycle)란 새로운 제품이 개발되어 시장에 출시된 이후 성장하다가 일정기간을 경과한 후에 쇠퇴되어 시장에서 사라지기까지의 과정을 의미한다. 다시 말하면 특정제품이 개발되어 시장에서 출시된 이후 시간이 경과함에 따라 매출액과 이익이 변화해 가는 과정을 나타낸 것이다.

(2) 제품수명주기의 단계별 특성 및 전략

제품수명주기는 도입기 · 성장기 · 성숙기 · 쇠퇴기로 나누어 볼 수 있는데, 각 단계별 특성은 다음과 같다.

가) 도입기

도입기(introduction stage)는 특정제품이 처음으로 시장에 출시되어 소비자가 구매하게 되는 단계로 기업은 시장개척자로서 계획된 제품 포지셔닝 전략에 따라 마케팅 믹스전략 등을 실행한다.

나) 성장기

성장기(growth stage)에는 매출액이 증대되어 이익이 증가하지만 높은 시장점유율을 유지하기 위해 촉진 및 유통에 많은 자금이 투입되는 시기이기도 하다.

다) 성숙기

성숙기(maturity stage)에 들어서면 매출액이 감소하기 시작하기 때문에 기업은 시장과 제품 및 마케팅 믹스 등에 변화를 주어 확보한 시장을 방어하게 된다.

라) 쇠퇴기

쇠퇴기(decline stage)에는 기술혁신 · 경쟁심화 등으로 매출액이 감소한다.

(3) 관광지의 수명주기

Burtler는 1980년 상품수명주기와 유사한 관광지수명주기를 제시하였는데, 상품수명주기에서의 상품판매량은 관광자수로, 시장의 진화과정은 관광지의 물리적 시설이나 행정조직과 같은 관광지의 개발과정으로 대치된 것이다. 이러한 관광지의 수명주기는 관광지의 질과 양이라는 시장진화와도 관련시켜 설명할 수 있는데, 관광지의 수명주기는 탐색기 · 몰입기 · 강화기 · 정체기 · 쇠퇴기로 구분할 수 있다.(신혜숙, 2004 : 141~144)

각 단계별 특징을 살펴보면 다음과 같다.

가) 탐색기

관광수명주기의 첫 번째 단계인 탐색기는 단체관광을 싫어하는 소수의 모험적 관광자들이 지역을 방문하고, 접근방법과 편의시절의 부족으로 관광자수가 제한되는 시기이다.

나) 몰입기

몰입기는 관광자를 위한 시설이 일부 개발되고 광고도 함에 따라 관광자수가 증가하는 시기로, 성수기와 주요관광자 밀집지역이 형성되며, 공공부문은 기반시설을 제공해야 할 책임을 느끼게 되는 시기이다.

다) 개발기

개발기는 관광자가 대량으로 유입되며, 관광지에 대한 통제가 지역주민의 손을 벗어나고, 외부기업이 현대적 시설을 개발하기 시작하면서 관광조직이 변화하는 시기이다.

라) 강화기

강화기는 관광자수가 증가하나 증가율이 저하되기 시작하는 시기이다. 관광지는 완전히 성숙한 관광사업의 일부로 존재한다.

마) 정체기

정체기에 오면 관광자수가 최고치에 도달하고, 이제 지역은 더 이상 인기가 없어진다. 보수적 여행자들 중 반복방문객이 주요관광자이다.

바) 쇠퇴기

주말이나 당일 여행객 같은 지리적으로 근접한 소수의 관광자만이 이 지역을 방문한다.

3) 신제품개발

기업이 신제품을 얻을 수 있는 방법은 크게 두 가지로 나누어 볼 수 있는데 첫 번째는 신제품을 보유하고 있거나 신제품 개발에 적극적인 기업을 인수, 합병하는 방법이고 두 번째는 기업 내부적으로 연구개발 부서에 의한 신제품개발이다.

(1) 신제품개발의 의의

다양한 소비자들의 욕구를 충족시키기 위하여 기업들은 제품차별화(product differentiation) 전략으로써 신제품을 개발한다. 또한 상황에 따라서는 기존제품을 계획적으로 진부화시키기 위해서 신제품을 개발하기도 한다. 신제품은 시초제품 · 혁신제품 · 수정제품 · 신상표 등의 유형이 있는데, 시초제품은 핵심기능을 최초로 제공하는 제품을 의미하며, 혁신제품은 핵심기능이 혁신적으로 변화된 제품을 의미한다.

수정제품은 핵심기능이나 부수적 기능이 수정된 제품이며, 신상표는 똑같은 기능의 제품을 상표와 포장만 바꾼 제품이다. 신제품이 시장에서 성공하기란 매우 어렵기 때문에 기업의 입장에서 신제품개발전략은 매우 위험도가 큰 전략이다.

(2) 신제품의 성공요인

가) 소비자와 관련된 요인

신제품이 시장에서 성공하기 위해서는 가장 먼저 소비자의 필요에 적합해야 하는데, 그러기 위해서는 표적고객의 선택이 정확해야 한다. 또한, 제품의 테스팅, 출시 및 수명주기의 관리에 있어서도 고객의 필요를 해결하기 위한 제품의 편익이 소비자에게 적절하게 제공되고 있는지를 주기적으로 점검하는 것이 필요하다. 또 다른 소비자 관련 요인으로는 소비자에게 가격에 비하여 높은 효용을 줄 수 있는 제품이어야 한다.

나) 기술 관련 요인

신제품의 성공 요인 중 기술관련 요인이란 자사의 신제품이 경쟁사에 비해 독점적 기술우위를 가지고 있는 것도 중요하지만 그 보다도 소비자들이 원하는 편익을 제공할 수 있는 능력을 의미한다고 할 수 있다. 물론, 다른 경쟁기업과 비교하여 독점적 기술우위를 보유하게 되면 그 신제품은 시장에서 성공할 확률이 더 높겠지만 소비자들이 원하는 편익이 무엇인지 파악을 하지 못하게 되면 그 성공확률은 낮아지게 된다.

다) 시장환경 관련 요인

일반적으로 신제품 중 성장잠재력이 큰 제품은 시장에서 성공할 확률이 높다고 할 수 있다. 성장잠재력이 큰 제품은 제품수명주기상 성장기에 있는 제품을 말하며, 신제품의 진부화 속도, 전체 잠재시장의 크기 등을 모두 고려하여 성장 잠재력을 판단하여야 한다.

라) 기업 내부 요인

Robert(1990)에 의하면 신제품들 중에서 독특한 기술을 가지고 기존 제품과의 관련성이 높은 시장에 진입했을 때는 67%의 성공률을 보였으며, 독특한 기술은 있으나 관련성이 낮은 시장에 진출한 경우에는 25%, 독특하지 않은 기술을 이용하여 관련성 없는 시장에 진입한 경우에는 극히 낮은 성공확률을 보였으며, 독특하지 않은 기술로 관련성이 높은 시장에 진입한 경우 25%의 성공률을 보였다. 따라서, 독특한 기술처럼 강점을 가지고 있으며 기존 제품과의 관련성이 높은 시장에 진출한 경우가 가장 성공 가능성이 크다고 할 수 있다.

그 외에도 신제품을 성공시키기 위한 기업 내부적 조건들 중에서 중요한 것들로는 최고경영자의 지원, 신제품개발과 관련된 기능부서들 사이의 원활한 의사소통, 신제품을 성공시키려는 강력한 의지를 가진 임직원, 효과적인 신제품개발 조직 등을 들 수 있다(박흥수외, 2004:14).

마) 신제품 개발기간 및 출시의 타이밍

많은 제품들이 제품수명주기가 빨라지면서 진부화 속도가 빨라지고 있는데 좋은 아이디어라고 하더라도 제품출시의 적기를 놓치면 시장에서 성공하기 어렵다. 특히, 하이테크 제품일수록 출시의 타이밍이 더욱 중요하다고 할 수 있다. 한편, 아직 성숙되지 않은 시장에 신제품을 출시하여 실패하는 사례도 많이 있는데, 예를 들어 1970년대에 Mc.Donald' s가 우리나라에 진출을 시도하였으나 실패한 사례가 좋은 예가 될 수 있다.

(3) 신제품의 실패원인

해마다 많은 신제품들이 시장에 출시되지만 그 중 많은 수가 실패하고 만다. 성공한 제품과 실패한 제품을 구별하는 기준은 다양하지만 일반적으로 신제품이 시장에서 실패하는 이유는 다음과 같다.

가) 소비자 관련 요인

신제품이 실패하는 여러 요인 중에서 가장 일반적인 요인은 신제품이 기존 제품과의 차별화된 독특한 편익을 소비자들에게 제공하지 못하는 경우이다. 모방전략(me-too strategy)에 의해 출시된 신제품이 시장의 기존제품을 따라 잡는 것은 아주 힘든 일이다. 또한, 독특한 편익은 있으나 소비자들의 기호가 바뀌어 더 이상 그 편익을 높이 사주지 않게 되는 경우도 볼 수 있다.

따라서 신제품이 시장에서 실패할 확률을 줄이기 위해서 가장 필요한 노력은 기존 제품과는 차별화되면서도 소비자들이 원하는 독특한 편익을 찾아내어 이를 제공할 수 있도록 제품을 설계하는 일이다.

나) 마케팅전략 관련 요인

신제품의 성공은 정확한 표적시장의 선정과 그에 적합한 포지셔닝을 필요로 한다. 물리적으로는 훌륭한 제품을 만들어 놓고서도 마케팅 전략상의 실수로 인해 신제품이 실패하는 경우도 자주 볼 수 있다. 신제품의 실패 확률을 줄이기 위해서는 시장세분화가 올바르게 되어 있는가 하는 점과 표적고객들에게 파고들 수 있는 포지셔닝이 이루어져 있는가를 면밀히 검토해야 한다.

다) 마케팅과 유통자원의 부족

신제품이 성공하기 위해 필요한 광고, 판촉, 유통상의 지원이 불충분해서 실패하는 신제품들을 볼 수 있는데, 특히 사내 영업조직이나 유통경로 구성원들을 설득하는데 실패하여 신제품을 취급하는 것을 회피할 경우 신제품이 시장에서 성공을 거두기가 어렵게 된다.

라) 사내조직 관련 요인

신제품의 성공을 위해서는 전사적인 품질에 대한 인식과 고객지향적인 기업문화가 필요할 뿐만 아니라 기업 내의 마케팅부문, 연구개발부문, 생산부문, 영업부문 구성원들의 노력과 협조가 필요하다.

기업 내부적으로 위에서 언급된 부서의 협조가 부족하면 신제품은 시장에서 성공확률이 낮아지게 된다.

4) 기타 요인

위에서 언급된 요인들 이외에도 기술개발과 관련된 요인, 신제품 출시의 타이밍, 수요예측의 실패, 경쟁기업에 대한 정보 부재 기업을 둘러싸고 있는 외부환경등에 의해 신제품이 시장에서 실패할 수 있다.

5) 신제품 개발과정

신제품의 개발과정을 살펴보면 아이디어 창출(idea generation), 아이디어 채택(idea screening), 사업 분석(business analysis), 제품 개념 개발(product concept development), 제품 개념 테스트(product concept test), 제품 테스트(product test), 마케팅 믹스 계획(marketing mix planning), 시험 마케팅(test marketing), 상업화(commercialization)의 단계를 거친다.

아이디어는 기업내부자료는 물론 경쟁사 · 고객 등 다양한 경로를 통해서 창출될 수 있으며, 창출된 아이디어 중 기업이 목표로 하는 매출액과 시장점유율 및 기업의 이용가능한 자원 등을 고려하여 채택하게 된다. 그 다음 단계가 사업성 분석인데, 사업성 분석이란 채택한 아이디어가 상품화되었을 때, 비용 및 이익을 예측하는 것을 의미한다. 그 다음 제품 컨셉을 개발하고 컨셉에 대한 테스트를 실시한다. 그 다음 제품개발단계에서 제품출시에 문제가 없다고 판단되는 제품에 대해서 시험적으로 판매해 보는 시험 마케팅을 실시한다. 시험 마케팅을 통해서 기업들은 경쟁사의 제품과 비교해 매출액과 표적시장 및 고객들의 반응 등을 파악하게 된다.

사례

신제품개발과정 사례 Courtyard by Marriott

현재 미국 중간 가격대 호텔 시장을 석권하고 있는 Courtyard by Marriott의 사례를 통해 신제품개발 전략의 단계와 내용을 고찰해 보기로 한다.

1) 아이디어의 창출(idea generation)

신제품 개발 전략의 첫 단계는 아이디어의 창출로부터 시작된다. 3M의 지침인 'Don' t kill any idea' 와 같이 브레인 스토밍(brainstorming) 등을 거쳐 가능한 모든 아이디어를 동원하고 수집하여야 한다. 고 가격대 호텔만을 소유하고 있던 Marriott Corporation에서는 총지배인과 부서장들이 참석한 가운데 매주 칵테일 리셉션에 여러 형태의 고객들을 초대하여, 중간 가격대 호텔에 대한 욕구와 필요, 문제점을 파악하였다.

2) 아이디어 채택(idea screening)

신제품 개발의 2단계로서 발굴된 수많은 아이디어 중 필요한 아이디어를 채택하여야 한다. Marriott에서는 호텔 내 실무자, 전문가, 고객과의 피드백을 통해 중간 가격대 호텔에 적합한 아이디어를 선별하였다.

3) 사업분석(business analysis)

Marriott에서는 중간 가격대 호텔 시장의 사업성을 분석한 결과, 고 가격대 호

사례

텔시장 및 염가 호텔시장과 비교시 충분한 시장성을 발견하였으며, 또한 뚜렷한 시장 선도자가 없음을 파악하였다.

4) 제품개념개발(product concept development)

제품개념개발이란 채택된 아이디어가 소비자에게 의미있는 개념으로 전달되도록 전환시키는(version) 단계를 말한다. 즉, 아이디어를 세부적인 제품 개념으로 연결시키는 과업으로서, 소비자에게 제품에 대한 전체적 그림(product image)을 제시하는 것이다. Marriott은 경쟁이 포화상태에 있는 도심보다는 도시 인근의 외곽 지역에 시장성이 충분함을 발견하고 최종적 상호를 Courtyard로 정했다. Courtyard는 가정집 안 뜰의 의미로서 아파트가 주가되고 있는 도심보다는 도시 외곽 지역의 이미지를 강력히 전달할 수 있었던 것이다.

Marriott은 보다 구체적으로 150실 미만, 가정집과 같은(home-like setting) 시설과 이미지, 제한된 메뉴의 레스토랑 시설, 약간의 회의 시설, 기존 Marriott의 타 브랜드와 수요가 중복되지 않는 가격대, 단기(transient) 체류객을 표적시장으로 하는 제품 개념을 개발하였다. 구체적 표적시장은 비즈니스 FIT(1년에 6회 이상 여행을 하며 중저가 호텔에 투숙)과 여가관광객(1년에 2회 이상 여행을 하며 중저가 호텔에 투숙)으로 확정하였다.

5) 제품 개념 테스트(product concept testing)

Marriott은 제품 개념에 대한 검증을 위해 3년 동안의 광범위한 연구를 수행하였다. 연구 대상은 외부환경, 객실, 음식 관련 서비스, 라운지 시설, 서비스, 여가시설, 안전 요소 등 7개의 속성이었다. 예를 들어 객실의 경우 여러 형태의 객실 견본을 통해 잠재 고객에게 순위를 부여하게 하였으며, 또한 고객 설문조사를 수행하여 비즈니스 여행객은 중간 가격대와 좋은 품질의 객실을, 순수 관광 목적 여행객은 안전하고 편안한 객실을 선호한다는 사실을 밝혀내고 제품 개념을 검증, 확정하였다.

Courtyard는 또한 구불구불한 산책로를 지닌 경관 좋은 정원과 수영장을 갖추고 비용 절감을 위해 작은 로비와 라운지, 한 개의 레스토랑, 소수의 작은 회의실, 도어맨, 벨맨, 룸서비스의 제거 등의 확정 등 제품 개념 테스트를 완성시켰다.

사례

6) 제품 테스트(product test)

제품 테스트란 제품 개념 혹은 제품 아이디어를 유용한 제품(workable product)으로 전환시키는 단계이다. Marriott은 제품 개념 테스트의 결과, 1차적으로 객실의 기초모형(prototype)을 설정하였다. 제품 테스트를 위하여 표준객실, 짧은 형체의 객실, 긴 형체의 객실로 잠재 고객들의 평가를 받았으며, 모두 선호는 받았으나 긴 형체의 객실은 건축비가 많이 들어 최종 객실 제품에서는 제외되었다.

7) 마케팅믹스 계획(marketing mix planning)

Marriott은 첫 해를 대비한 마케팅 예산 책정을 필두로 기타 마케팅 전략 계획을 수행하였다.

8) 시험마케팅(test marketing)

Marriott은 1983년 Atlanta에 최초의 Courtyard 호텔을 시장에 공식적으로 진출시켰다. 시험 마케팅 결과, 객실 규모를 좀 더 줄이는 것, 옷장의 문을 개폐식이 아닌 미닫이로 하는 것이 더욱 효과적임을 파악하고 최종 객실 시설을 확정하였다.

9) 상업화(commercialization)

Marriott은 첫 해에만 수천만불의 광고와 판매촉진을 통하여 호텔을 시장에 대거 진출시켰다. 이는 Mc.Donald' s 가 McDLT 상품 도입시 1주에 5백만불 이상의 광고비를 투입한 이래 기록될만한 촉진 예산으로 평가되고 있다. 1983년 최초의 호텔 진출 이후, 1986년 1월에 벌써 300개 지역에 개관, 건축, 계약 체결이 될 만큼 시장에서 큰 호응을 얻었던 Courtyard by Marriott은 2인 용 조찬 프로그램의 최초 실시 등 철저한 고객조사에 근거한 현재 세계 최고의 가치를 지닌 호텔로 인정받고 있다(정규엽, 호텔 · 관광마케팅, 2004 pp. 393-396).

2 가격전략

1) 가격전략의 이해

(1) 가격의 개념

일반적으로 가격이란 제품을 구입하고 그 대가로 지불하는 화폐가치를 의미하는데, 소비자의 입장에서 보면 가격은 소비자가 재화나 서비스를 획득 또는 사용을 통해서 얻게 되는 가치에 대해서 지불하는 대가라고 할 수 있다. 그러므로, 가격은 제품의 교환가치로 볼 수 있으며, 좀 더 구체적으로 말하면 구매자들이 특정 제품을 구매함으로써 얻게 되는 효용에 부여된 가치라고 할 수 있다. 가격은 일반적인 제품가격 외에 여러 가지 다른 형태나 명칭으로 나타날 수 있는데, 일정기간 건물의 사용에 따른 임대료, 학교에서의 등록금, 직장인의 월급, 은행의 대출이자 등은 모두 가격의 의미를 담고 있다고 할 수 있다.

(2) 가격의 중요성

가격은 소비자의 입장에서 제품을 선택할 때 가장 중요한 결정요인 중 하나로 작용하기 때문에 마케팅 관리자들 입장에서는 가격을 결정하는 것이 가장 중요한 문제 중 하나가 된다. 기업이 마케팅 믹스로 사용하는 도구들 중 가격은 경쟁에 가장 민감한 특성을 가지고 있기 때문에 기업의 입장에서 즉각적인 효과가 발생한다. 그렇기 때문에 가격은 가장 강력한 경쟁도구로의 사용이 가능하지만 경쟁기업의 즉각적인 모방이 가능하다는 단점을 가지고 있다. 만약, 자사가 경쟁우위 확보를 위해 가격을 인하하였는데, 경쟁사가 모방을 하게 되면 기업은 가격인하를 통해 기대했던 목표 달성을 이루기 어렵고 수익성의 감소만 가져오게 된다.

특히, 서비스기업들의 경우는 수요가 피크일 때 수요를 감소시키기 위해 가격을 올리기도 하며, 수요가 적을 때는 가격을 아주 낮게 책정하기도 하는데 영화관의 조조할인, 항공사의 비수기 할인 등이 그 예이다. 이처럼 가격(price)은 서비스 마케팅의 7P믹스 중에서 다른 믹스와는 달리 쉽게 변화시킬 수 있고 가장 빨리 변화의 결과를 얻을 수 있다.

사례

역사보다 힘센 2,000원

관람객 42% 급감! 입장료 2000원이 관람객 수를 40% 넘게 떨어뜨린다?

국립중앙박물관 이야기다. 성인 2000원, 초 · 중 · 고교생 1000원을 받는 유료화 첫날인 1월 3일, 관람객은 격감했다. 중앙박물관에 따르면 이날 총 관람객은 1만3296명. 개관 이후 화요일 평균 관객 2만 2850명의 절반을 조금 넘는 수준(58%)이다.

중앙박물관 관계자들은 한결같이 입장료 2000원이 관람객 급감의 주 원인이라고 분석했다. 지난해 10월 28일 개관한 중앙박물관은 지난해 말까지 무료로 개방했다. 개관 44일째 만에 100만 관람객 돌파, 12월 31일까지 개관 57일 동안 다녀간 총 관객은 134만명, 하루 평균 2만 3,500여 명이 다녀갔고, 언론에 크게 보도됐다.

개관 기념으로 무료 입장했다가 유료로 바뀐 뒤 관람객이 급감한 것은 중앙박물과만이 아니다. 현재 입장료 2000원을 받는 경복궁의 고궁박물관도 지난 해 8월 15일 개관한 뒤 9월까지 무료였다.

당시 1일 평균 입장객은 4,233명. 그러나 지난해 10월에는 1,300여명, 11월에는 760명선으로 떨어지더니 12월에는 무료 때의 10분의 1 수준인 418명이 됐다. 그러나 강우방 이화여대 교수(미술사)는 관람객 수의 많고 적음을 박물관 성공의 척도로 삼는 것은 곤란하다고 지적했다.

그는 지난해 10월 있었던 청계천 복원과 맞물려 관광 차원에서 중앙박물관과 청계천을 당일치기로 찾은 이들이 많은데, 이는 박물관을 문화적으로 접근한 것이 절대로 아니다라며 박물관은 전시와 연구 결과물의 수준으로 평가받아야 한다고 덧붙였다.

중앙박물관은 외형면에서 세계 6대 규모를 자랑한다. 대영박물관이나 루브르 등 세계 대표 박물관의 하루 평균 관람객 수는 1만 5000여명 수준이다.

자료 : 2006년 1월 4일 조선일보 신형준 기자

2) 가격결정요인

기업이 자사의 제품이나 서비스에 대해서 가격을 결정할 때는 기업의 가격목표, 제품에 대한 수요, 원가 구조, 경쟁상황, 정부정책 등을 고려해야 한다.

(1) 기업의 가격목표

기업이 가격을 통해서 어떠한 목표를 추구하는지가 가장 먼저 자사의 제품 가격을 결정하는 요인으로 작용하게 된다. 이때 가격목표는 단독적으로 결정되어지기보다는 다른 마케팅믹스 변수들과의 관계를 고려하여 결정되어야 하기 때문에 그 기업의 마케팅전략목표에 따라서 기업의 가격목표가 정해지게 된다.

(2) 제품에 대한 수요

제품에 대한 소비자들의 수요에 따라서 가격결정은 달라지게 되는데, 예상되는 수요량이 얼마나 되며 , 수요의 가격탄력성이 어느 정도인가에 따라 가격결정에 많은 영향을 미칠 수 있다.

(3) 원가 구조

기업의 원가구조는 가격의 하한선을 결정하게 하는데 기업은 생산, 유통, 판매 등에 소요되는 비용을 충당하고 투입한 노력과 위험에 비추어 적당한 이익이 보장되는 가격을 결정하게 된다. 기업이 고려해야 할 원가에는 크게 고정비와 변동비의 두 가지가 있는데 고정비는 생산 및 판매수입에 관계없이 발생하는 비용으로서 예를 들면 임대료, 직원들의 급여 등이 포함된다. 변동비는 생산수준에 따라 변화하는 비용을 말한다. 원가 구조는 생산 및 마케팅과 관련하여 아래와 같은 개념으로 파악할 수 있다.

가) 총고정비

총고정비(total fixed cost)는 생산, 판매되는 양에 관계없이 일정하게 발생하는 비용으로 임대료, 종업원들의 급여, 보험료, 공장 및 설비의 감가상각비 등이 있다.

나) 평균고정비

평균고정비(average fixed cost)는 제품 한 단위에 할당된 고정비용으로 총고정비용을 총제품단위로 나누어 계산한다.

다) 변동비

변동비(variable cost)는 생산에 직결되는 직접 노무비와 자재비를 의미한다.

라) 평균변동비

평균변동비(average variable cost)는 생산된 제품단위당 변동비로서 총변동비를 총제품수로 나눈 것이다.

마) 총비용

총비용(total cost)은 총고정비와 변동비의 합계를 말한다.

바) 한계비용

한계비용(marginal cost)은 추가적으로 한 단위를 생산 · 판매함으로써 발생하는 총비용의 증가분이다. 보통 한계비용은 생산량이 적은 수준에서는 급격히 감소하나 일정량 수준 이후에는 추가적 한 단위의 총변동비의 증가만큼 다시 증가하게 된다.

(4) 경쟁상황

기업은 경쟁기업의 가격과 품질을 파악한 후 자사의 가격결정의 가이드라인으로 사용할 수 있는데, 예를 들면 자사제품과 경쟁제품의 품질이 비슷한 경우 자사제품의 가격은 경쟁제품과 비슷한 선에서 결정되어야 하며, 자사제품의 품질이 경쟁제품보다 떨어지면 가격도 낮게 책정해야 하며, 자사 제품의 품질이 경쟁제품보다 높다고 판단이 되면 경쟁제품보다 가격을 높게 책정할 수 있게 된다. 또한, 경쟁기업의 가격을 평가할 때에는 다음과 같은 점을 고려해야 한다(이우용 외, 2003 : 520).

- 산업 내에 얼마나 많은 경쟁자가 있는가? 여기에는 대체제의 생산업자도 포함하여 분석해야 한다.
- 그들의 시장점유율과 시장은 어떠한가?
- 그들의 자금동원능력 및 경영능력은 어떠하며 지금까지 이 제품에 어느 정도 투자하여 왔는가?
- 자사와 비교하여 그들의 원가구조는 어떠한가?
- 지금까지 어떠한 가격체계를 유지하여 왔는가?
- 소비자들은 경쟁제품에 어떠한 반응을 하는가?

한편, 경쟁상황과 고려하여 가격 결정시 경쟁자들도 자사의 가격변화에 대응하여 그들의 가격을 변화시킬 수 있다는 점을 고려해야 하기 때문에 가격결정시에는 자사의 가격변화에 대한 경쟁기업들의 반응도 같이 고려해야 한다.

(5) 정부정책

가격결정은 항상 기업의 의지대로만 되는 것이 아니라 특별한 상황하에서는 정부의 정책이나 법적 규제에 의해서 제품의 가격결정이 큰 영향을 받게 된다. 우리나라의 경우 1981년 공정거래법 제정 이전까지는 정부의 개입이 매우 직접적인 형태로 나타났기 때문에 주요한 공산품 가격인상을 위해서는 사전에 정부의 허가가 필요했었다.

이러한 상황하에서의 가격인상은 원가인상요인이 있다고 판단되었을 때에만 가능했기 때문에 상당한 부작용이 초래되었으며 기업의 입장에서는 이러한 문제 해결을 위해 신제품을 개발하거나 기존제품의 품질을 저하시키는 방법을 사용하였다. 이러한 경우 직접적으로 제품을 사용하는 소비자의 입장에서 품질이 저하된 제품을 사용하게 되고 국산품의 품질향상이나 기술적인 면에서 문제가 발생되었다. 이와 같이 상황에 따라서는 가격에 대한 정부의 직접적인 규제가 가격의 수급조절기능을 약화시키고 여러 가지 문제점을 야기시킬 수도 있다.

3) 가격결정방법

(1) 원가중심 가격결정법

원가를 중심으로 가격을 결정하는 방법에는 원가가산법(markup or cost plus pricing)과 목표수익률법(target profit pricing)이 있다. 원가가산법은 가장 일반적으로 쓰이는 방법으로 원가에 표준이익을 가산하여 가격을 결정하는 방법이다. 목표수익률법은 일정한 표준생산량 하에서의 총원가에 예정된 수익률을 가산함으로써 가격을 결정하는 방법이다. 목표수익률법은 손익분기점(break-even point)을 이용하여 가격을 결정한다.

(2) 수요중심 가격결정법

수요중심가격결정법이란 기업이 제품을 생산하는 데 들어간 원가가 아니라 소비자가 인식하는 제품의 가치에 따라 가격을 결정하는 방법이다. 이 방법은 소비자가 인식하는 가치에 따라 가격이 결정되는 방법이기 때문에 소비자들의 가치인식의 파악을 위해 일반적으로 소비자 조사를 실시한다.

(3) 경쟁중심 가격결정법

경쟁중심 가격결정법이란 경쟁기업의 가격을 검토한 후 그 가격을 기준으로 자사의 가격을 결정하는 방법이다. 따라서 기업은 경쟁기업의 가격과 비교한 후 시가가격, 저가격, 중가격, 고가격 중 하나를 선택하게 되는데, 여기서 시가가격이란 가격변화에 가장 영향력을 가진 선도기업이 결정한 가격을 의미한다.

4) 가격전략

가격전략은 기업의 현재와 미래의 경쟁상황을 분석해 보았을 때, 어떤 전략이 가장 효율적인지에 의해서 결정되는데 기업의 마케팅 목표 및 마케팅 믹스와 연관지어 결정해야 한다. 이러한 상황에서 단순히 고가격전략, 중가격전략, 저가격전략은 의미가 크지 않기 때문에 경쟁상황 등을 고려하여 상대적 고가격전략, 대등가격전략, 상대적 저가격전략으로 나누어서 생각할 수 있다.

(1) 상대적 고가격전략

상대적 고각격전략(premium pricing strategy)은 자사 제품의 가격을 경쟁기업 제품의 가격보다 높게 책정하는 전략으로 자사의 제품이 그 시장에서 우수하거나 명성이 높을 때 사용 가능하다. 상대적 고가격전략은 이미지를 중시하는 고가의류제품이나 전문품 등에서 일반적으로 나타나며, 소비자가 가격에 의해서 제품의 품질을 평가하는 경향이 강하거나 제품이 개인의 사회적 지위나 명예, 건강 등의 상징적 의미를 갖는 경우에 자주 사용되는 가격전략이다(채서일, 2004:360).

(2) 대등가격전략

대등가격전략(parity pricing strategy)이란 기업이 경쟁기업 제품의 가격과 동일하거나 거의 비슷한 수준으로 가격을 책정하는 전략을 말한다. 대등가격전략은 시장의 수요가 가격에 대해 탄력적이지 않고, 경쟁기업의 가격 인하에 대해서 동일한 수준의 가격으로 대응이 가능할 때 사용된다. 기업이 대등가격전략을 구사할 때는 마케팅전략에서 가격이 차지하는 비중이 그 만큼 줄어들고 제품, 유통, 촉진과 같은 다른 마케팅믹스 요소들이 보다 더 중요한 역할을 하게 된다.

(3) 상대적 저가격전략

상대적 저가격전략(value pricing strategy)이란 경쟁기업보다 낮은 가격을 책정함으로써 철저하게 생산규모와 판매량을 늘리는 데 목적이 있을 경우 사용되는 가격전략의 유형이다.

상대적 저가격전략은 수요의 탄력성이 높아 소비자가 가격에 대해 민감한 반응을 보일 때나 자사가 진출하려고 하는 시장에 경쟁기업의 수가 너무 많을 경우에 사용될 수 있으며, 이 전략을 구사하려면 경쟁기업들에 비해서 원가구조상의 우위를 가지고 있어야 한다.

3 유통전략

1) 유통전략의 이해

유통이란 생산된 제품이나 서비스를 소비자에게 이전하는 과정을 의미하며, 유통산업이란 도매상과 소매상 및 물적 유통기관 등과 같이 유통기능을 수행하고 지원하는 유통기구들의 집합을 말한다. 유통경로(channel of distribution)란 제조업자 → 도매상 → 소매상 → 소비자 형태와 같이 제품이나 서비스가 생산자로부터 소비자에게 이전되어 가는 과정에 거치는 경로이며, 이때의 유통경로는 제품 · 가격 · 촉진과 함께 마케팅 믹스 구성요소의 하나가 된다.

2) 호텔관광기업의 유통

유통의 기본적인 기능은 판매자의 상품을 효율적으로 시장에 전달하고 시장에서 얻은 정보를 수집하여 판매자에게 전달시켜 주는 역할을 하는 것이다. 일반적으로 관광유통은 관광공급업자와 소비자인 관광객 사이에 여행사와 같은 알선업체가 유통을 담당한다.

다시 말해서 관광유통은 관광공급업자가 관광객을 위한 시설, 호텔, 항공사, 테마파크, 리조트, 렌터카 등 의 관광상품을 여행사에 제공하고 여행사는 관광공급자의 관광상품을 받아 관광객에게 판매하는 유통구조를 가지고 있다. 그러나 관광상품은 제품처럼 제조업자 → 도매상 → 소매상 → 소비자의 유통과정을 반드시 거치지 않는 경우가 많다.

예를 들어 관광객이 직접 호텔과 항공사에 예약을 하고 현지관광도 관광객이 현지에서 직접 수배하는 것이 가능하기 때문이다. 특히 호텔 숙박 또는 항공좌석 등 단일 관광상품만을 이용할 경우 유통과정을 거치지 않고 직접 구매하는 경우가 많이 있다(이정학, 2003:173).

4 촉진전략

1) 촉진전략의 이해

(1) 촉진의 개념

촉진(promotion)이란 기업의 제품이나 서비스를 주어진 가격에 구매하거나 구매를 계속하도록 유도할 목적으로 제품 또는 서비스의 성능이나 가치에 대하여 현재 및 잠재고객을 대상으로 정보를 제공하거나 설득하는 것과 관련된 마케팅 노력의 일체를 의미한다(Robertson, 1971 : 43~44 ; 김종의 외, 2003 : 284 재인용). 즉, 촉진이란 마케터가 자사의 제품이나 서비스를 경쟁 기업의 제품이나 서비스보다 우수하다는 것을 고객들에게 알려서 그들로 하여금 제품을 구매하도록 유도하기 위해 판촉, 광고, 홍보 등의 수단을 활용하여 정보를 제공하고 설득하는 종합적인 활동을 의미한다.

위에서 설명한바와 같이 촉진은 일종의 커뮤니케이션(communication)이라고 할 수 있으며 이러한 촉진수단으로는 광고, PR, 인적판매, 판매촉진 등이 있다. 촉진전략은 푸시전략(push strategy)과 풀전략(pull strategy)으로 분류할 수 있다. 푸시전략은 제조업자가 중간상을 대상으로 적극적인 촉진전략을 사용하여 도매상이나 소매상들이 자사의 제품을 적극적으로 판매하도록 유도하는 전략이며 푸시전략에서는 중간상 판촉의 중요성이 증가하게 된다. 풀전략이란 최종소비자들을 대상으로 적극적인 촉진을 사용하여 소비자가 자사의 제품이나 서비스를 적극적으로 찾게 함으로써 중간상들이 자발적으로 자사의 제품을 취급하게 만드는 전략을 말한다.

(2) 촉진의 기능

가) 정보제공

잠재고객이 어떤 제품을 구매하려면 우선 그 제품에 대한 지식을 필요로 하기 때문에 정보제공(informing)은 촉진의 가장 기본적이고 중요한 기능이라고 할 수 있다. 정보제공적 촉진기능은 기업이 신제품을 출시하여 본원적 수요를 창출하고자 하는 경우에 특히 중요시되는데 신제품을 출시한 기업은 제품의 구매를 촉구하기보다는 그 제품의 존재가치나 특성 또는 경쟁제품 보다 우수함을 알려주는 촉진활동을 하게 된다.

예를 들어 새로운 영화에 대해 광고하는 두 가지 주요한 이유는 잠재관객에게 그 영화를 알리는 것과 언제 극장에서 상영될 것인가를 알리는 것이라고 할 수 있다.

나) 설득

설득(persuading)기능이란 소비자의 구매행동에 영향을 끼칠 목적으로 긍정적이고 호의적인 소비자 태도를 개발하거나 재강화하기 위해 노력하는 촉진활동을 의미한다.

경쟁기업이 자사와 유사한 제품을 공급하고 있는 경쟁적 시장상황이라면, 마케터는 자사 제품의 비교우위적 특성을 부각시켜 표적 고객들로 하여금 자사의 제품을 구매하도록 설득하여야 한다.

다) 회상

소비자들이 자사 상표에 대하여 잘 알고 있으면서 긍정적일 경우 촉진의 주요한 목표는 회상(reminding)이 된다. 그 이유는 소비자가 자사의 제품에 대한 선호도가 높더라도 경쟁기업의 여러 촉진도구에 끌릴 수 있기 때문에 소비자에게 자사제품의 장점을 회상시키고 소비자들이 올바른 선택을 하고 있다는 것을 다시 확인시키기 위해서이다. 회상기능은 주로 제품수명 주기상 성숙기 제품의 중요한 촉진목표가 된다.

2) 촉진수단

(1) 광고

가) 광고의 이해

• 광고의 어원

광고는 영어로 advertising인데, 이 말은 라틴어의 adverter라는 말에서 나온 것으로 돌아보게 하다, 주의를 돌리다, 마음을 어디로 향하게 한다라는 뜻을 가지고 있다. 위에서 언급된 영어의 의미 외에도 독일어, 불어 등을 종합해 볼 때, 광고라는 말을 어원적으로 종합해 볼 때 반복하여 부르짖어 주의를 끌어 마음을 향하게 하는 것이라고 할 수 있다.

이 같은 광고의 어원적인 뜻은 오늘날 광고가 소비자들의 주의를 끌기 위해 갖가지의 광고기법을 동원하는 것과 무관하지 않다. 그런데, 라틴어 adverter에서 유래한 영어의 advertising은 광고세계가 복잡해짐에 따라 advertisement, commercial로 세분화되어 그 의미를 조금씩 달리하고 있다. advertising은 광고행위 또는 광고과정을 뜻하고, advertisement는 광고물 또는 광고 메시지를 지칭한다.

즉 advertisement는 advertising의 하위개념으로 advertising의 일부를 말한다. 그래서 일반적으로 광고라고 하면 대개는 영어의 advertising의 의미를 일컫는다. commercial은 상업방송광고의 메시지를 지칭할 때 쓰여지지만 대개는 방송광고를 지칭할 때 쓰여지는 말이다. 우리나라 말로 광고는 사전적 의미로 널리 알리다라는 뜻을 지니고 있지만, 좁은 의미로는 광고작품 또는 광고메시지를 지칭하는 것으로 advertisement의 의미로 쓰이기도 하고 또 광고활동 또는 광고행위라는 넓은 뜻의 advertising으로 쓰이기도

해 흔히 광고라고 지칭할 경우 이 두가지의 이중적인 뜻을 가지고 있다(송용섭외, 1989 : 46~47)

• 광고의 정의

일반적으로 광고(advertising)란 자신의 이름을 밝힌 광고주가 사람의 대화가 아닌 정보전달의 매체를 이용하여 어떤 상품(서비스, 생각, 사람, 조직 단체 등 포함)을 특정 대상에게 소개하거나 판매를 촉진하는 활동으로 정의할 수 있는데 여러 학자들에 의해서 다양하게 정의되어지고 있다.

나) 광고의 구성요소

모든 광고에는 광고의 주체, 초점, 대상, 매체, 목적 등이 있어야 한다.

• 광고의 주체

모든 광고에는 광고의 주체가 있어야 하는데 이를 광고주라 한다. 광고주는 광고에서 선전하는 상품의 소유자이며 광고비를 부담하는 당사자이다.

• 광고의 초점

모든 광고에는 초점이 있어야 하는데 일반적으로 초점이란 상품 자체를 의미하는데 더 정확하게 말하면 상품에 대해 알리고자 하는 내용을 의미한다.

• 광고의 대상

모든 광고에는 대상이 있어야 하는데 광고의 대상을 표적청중이라고 한다. 그 표적청중이 정해져야만 적합한 메시지와 매체가 정해질 수 있다.

• 광고매체

마케터는 수많은 소비자와 직접 커뮤니케이션을 할 수 없기 때문에 이를 가능하게 하는 연결고리가 필요하다.

• 광고의 목적

모든 광고는 사용하는 목적이 있어야 하며 또한 그 성과에 대한 평가가 필요하다. 광고는 상품을 소개하거나 판매를 촉진하기 위해 사용되는데, 광고의 효과는 상당히 다양하므로 다목적으로 사용이 가능하고 각 목적별로 어느 정도의 효과 측정이 가능하다.

다) 광고의 기능

광고는 마케팅 커뮤니케이션 활동의 하나로서 상품에 관한 여러 가지 정보를 전달하고, 직접적으로 판매를 촉진하는 것을 기본 기능으로 한다.

하지만 광고주는 상품을 소개하거나 판매를 촉진하는 과정에서 다양한 마케팅적, 경제적, 사회적, 문화적 기능을 수행하게 된다(한민희 · 장대련, 2002 : pp. 13~18 참조).

• 마케팅적 기능

첫째, 광고는 소비자를 교육하는 기능을 하는데 고객의 학습을 필요로 하는 새로운 상품의 광고나 사회적으로 바람직한 운동을 전개하는 광고에는 고객을 교육하려는 내용이 많이 포함된다. 둘째, 광고는 상품의 가치를 증가시키는 기능을 하는데 특히 광고는 무형적인 측면의 상품가지치 증가에 기여한다. 예를 들어 상품의 중요한 가치 중 하나가 브랜드인데 광고는 소비자가 느끼는 브랜드에 관련된 상징적인 가치를 높여줄 때가 많다.

셋째, 광고는 새로운 정보를 창출하며, 넷째, 광고는 유통측면에서 판로를 확보하는데 도움을 준다. 특히 신상품의 경우 광고를 많이 하는 것은 소비자를 상점으로 끌어당김으로써 소매상에서 그 상품을 진열하도록 촉진하는 계기가 될 수 있다. 또한, 아래에 설명되어 있는 경제적, 사회적, 문화적 기능들도 대부분 마케팅 차원에서 활용될 수 있는 것이다.

• 경제적 기능

광고의 경제적 기능을 살펴보면 광고는 대량생산을 촉진하여 경제성장에 기여한다. 둘째, 광고는 자원의 분배에 영향을 미치는데 광고는 기업의 수익성이 높은 사업부문에 자원을 보다 집중시키는 측면이 있으며 경제성이 부족한 사회적 필수재의 경우 자원분배를 더욱 어렵게 만드는 측면도 있다. 또한 광고는 상품을 차별화함으로써 기업의 독점력을 높이는 역할도 한다.

• 사회적 기능

사회적인 측면에서 광고는 사회 마케팅(social marketing)의 수단으로 활용되어 사회변화에 중요한 영향력을 행사한다. 광고는 한 사회에 존재하는 여러 가지 가치관을 반영하면서 그 가치관을 더욱 강화시킬 수도 있고, 약화시킬 수도 있다. 예를 들면 해외 유명제품의 광고는 소비자들로 하여금 해외 유명제품을 선호하는 경향을 야기시킬 수 있다. 둘째, 광고는 제조업체에게 소비자와 직접적으로 의사소통할 수 있는 경로를 제공한다.

• 문화적 기능

광고는 문화를 상품화시키는 중요한 수단이 될 수 있다. 관광은 문화를 상품화하는 대표적인 예로서 광고에 크게 의존하는 상품이다. 또한, 광고는 서로 다른 문화권 간의 상호영향을 조장하는 역할을 한다. 광고는 특히 서구세계의 소비문화를 세계 전역에 일방적으로 전파하여 여러 문제를 야기시키기도 한다. 우리는 소비문화 외에도 다른 문화권 간의 영향을 광고에서 볼 수 있다.

라) 광고매체

광고주는 광고매체를 선정하기 위하여 광고의 목적, 메시지 요건, 구매결정의 시기와 장소, 비용 등을 신중하게 고려해야 한다.

사례

시대에 따른 광고카피의 변화

광고카피는 그 나라의 문화와 역사를 반영한다. 우리나라의 광고역사를 살펴보아도 외국의문화에 대한 모방과 우리고유의 정신이 드러나는 두 줄기 표현들이 눈에 띈다. 최초의 광고인 세창양행의 광고는 누구든지 금계랍 장사하고 싶은 이는 이 회사에 와서 사면 도매금으로 싸게 주리라는 내용으로 시작된다.

일제기에는 미국과 유럽의 광고를 일본이 모방하여 여기에 한글을 조금 넣은 것이 많았다. 그러나, 광고중에는 박가분을 애용하시는 각시에게 조선 사람은 조선 것을 아무쪼록 많이 씁시다라는 박가분 광고, 우리 사람이 우리를 위하여 영업함을 강조하는 버들표 유한양행의 광고 등의 한국적 광고도 있었다.

해방직후에는 미국의 영향이 그대로 반영되어 미제와 똑같은 럭키치약같은 카피도 보인다. 1950년, 60년대의 광고는 역시 약품이 주류를 이루는데 산전산후, 피로회복, 건강착륙, 품질본위 같은 일본식 축약어들이 많이 쓰이고, 이낙훈, 고은아 등의 모델이 장기적으로 기용되기도 한다. 또 체력은 국력이라는 테마로 의지의 한국인 시리즈를 광고한 일동제약은 역경을 극복하는 실제 관련 인물을 기용하여 한국인의 강인함을 보여주었다. 또 왕성한 체력을 강조한 박카스도 이때의 사회 분위기를 잘 반영한다.

사례

1960년대말 코가콜라, 펩시콜라 그리고 칼텍스 정유사의 국내상륙은 미국식 광고가 유입되고 국내광고도 다양화되는 계기가 된다. 칠성사이다는 코카콜라에 대응하여 사랑하는 사람끼리 언제나 슈슈바 슈바슈바. 짜릿한 이 맛 칠성사이다라는 코카콜라의 분위기를 그대로 반영한 광고를 내보낸다. 또, 옷의 역사는 하나의 나뭇잎에서 시작되었습니다라는 캠브리지 광고, 노인부부의 사진과 함께 마음은 신혼이라는 헤드라인의 동아제약 오파이린 광고 등 차별적 표현들도 나타난다. 형님 먼저 드시오 농심라면, 아우 먼저 들게나, 농심라면, 형님 먼저, 아우 먼저, 그럼 제가 먼저 하는 농심라면의 광고도 이때 등장한 것이다. 또한 잡지에 컬러 광고가 1970년대 중반부터 나타나면서 표현도 풍요로와진다. 이 당시 기업광고도 본격적으로 나타나는데 거북선과 함께 여러 유물들을 요소요소 배치한 삼성의 전면 컬러광고인 내 고향 그 영원한 빛과 향기가 그 중의 하나이다.

1980년대에는 외국 브랜드의 상륙이 줄을 이었는데 누가 나이키를 신는가를 외치며 승리의 스포츠화를 들고 나온 나이키가 대표적 브랜드의 하나이다. 이에 대응하여 프로스펙스는 한국인의 체형에 맞는다는 개념으로 차별화하였다. 광고의 수준도 현대화되었다. 가슴이 따뜻한 사람과 만나고 싶다는 맥심커피 광고는 서정적인 영화 같은 장면들이 돋보였다. 다시다의 광고는 자연=고향=어머니의 등식을 풀어 나가면서 가장 장수하는 캠페인으로 자리를 잡기 시작하였다. 또 이당시에는 환경 광고도 많이 등장하였으며, 유한킴벌리는 우리 강산 푸르게 푸르게 캠페인을 시작하였다. 1990년대는 표현 아이디어도 더욱 다양해졌다. 여보, 아버님댁에 보일러 놓아 드려야겠어요 하는 경동보일러 광고처럼 정에 호소한 광고도 있었지만 침대는 가구가 아닙니다. 과학입니다의 에이스 침대같이 이성적 소구로 성공한 사례도 있었다. 이 광고는 후에 침대는 과학이란 표현이 사용금지되어 침대과학에서 주무셔야 합니다로 카피가 바뀌기도 하였다.

게토레이도 달지 않아야 한다. 흡수가 빨라야 한다는 호소와 함께 남성적 개성을 브랜드에 부여하는 데 성공하였다. 이 시기는 여성에 대한 표현도 과감해지기 시작하였다. 마몽드는 세상이 지금 나를 필요로 한다, 스텝로얄은 내 아기는 다르다고 외치는 여성을 표현하고 있다. IMF 직전에는 치열한 광고경쟁 속에서 더 큰

사례

광고, 더 큰 글자 등을 경쟁적으로 사용하면서 샐러리맨은 쉬고 싶다. 왜? 피곤하니까!"라고 외치는 광고도 나왔다.

IMF 이후는 복고풍의 광고가 많이 나타나면서 할 수 있다는 믿음, 된장찌게면 힘이 솟는 민족 등 호소형 광고가 많이 쏟아졌다. 그리고 통신기업들간의 경쟁이 치열해지면서 차별화 하기 위하여 때와 장소를 가리지 않습니다 라면서 유머로 접근하는 광고, 친구의 친구를 사랑한다 며 반응과 화제를 유발하는 광고, 적막 속에서 일곱 개의 특권 스무살의 011, TTL 이라 속삭이는 화제유발성 광고 등 다양한 표현과 구현방법의 광고가 나타나 시청자들의 주목을 끌고 있다.

자료 : 한민희. 장대련, 광고론, 학현사, 2002, pp. 31~31

(2) 홍보

홍보(publicity)란 대가를 지불하지 않고 TV, 라디오, 신문, 매체등의 비인적매체를 이용하여 제품 및 서비스에 관한 소식을 고객에게 제공하는 활동을 말한다. 홍보는 다음과 같은 특성을 가지고 있다. 첫째, 홍보는 비용을 기업이 부담하지 않고 매체회사가 부담함으로써 무료로 이루어진다. 둘째, 매체회사의 주관하에 뉴스형태로 정보가 제공되기 때문에 광고와 비교해서 훨씬 소비자들의 신뢰도가 높다. 셋째, 매체의 사정에 따라 모든 것이 결정되고 진행되기 때문에 뉴스 형태로 제공되는 자사 관련기사 내용이나 정보제공시간 등에 대해 통제의 어려움이 있다.

(3) PR

PR(public relations)은 기업 이미지를 제고시킬 목적으로 각종 간행물을 발행하고, 자선단체를 지원하며, 지역사회 봉사활동을 하는 등 고객뿐만 아니라 일반대중에게 직 · 간접의 편익과 혜택을 제공하는 활동을 말한다. PR의 궁극적인 목적은 이미지 제고를 통해서 자사제품이나 브랜드의 선호도를 높이려는데 있다.

(4) 인적판매

가) 인적판매의 개념

인적판매(personal selling)란 판매원을 통해 잠재고객에게 제품에 대한 정보를 제공하고 구매하도록 설득하는 촉진수단으로 방문판매나 점원의 구매권유 행위가 그 대표적인 예이다.

일반적으로 인적판매의 목적은 예상고객을 찾고, 그들에게 구매하도록 확신시키며, 구매결과에 대해 만족감을 갖도록 하는 데 있다. 대부분의 잠재 구매자들은 제품을 구매하기 전에 정보를 탐색하기 때문에 판매원은 먼저 그들의 정보욕구를 확인한 다음 관련되는 정보를 제공해야 한다.

나) 인적판매의 장점 및 단점

인적판매는 다음과 같은 장점과 단점을 가지고 있다.

• 장점

- 고객과 판매원이 양방향 커뮤니케이션(two-ways communication)을 하기 때문에 고객이 많은 정보를 접할 수 있다.

- 다른 촉진도구들과 비교할 때 보다 효과적으로 표적시장의 핵심고객을 겨냥할 수 있다.
- 고객과 판매자 사이의 적극적인 상호작용이 일어나기 때문에 특정한 고객의 욕구에 유연성있게 대처할 수 있다.
- 고객반응에 대해서 즉각적인 피드백이 이루어질 수 있으며 고객들과 장기적인 관계를 구축할 수 있다.

- **단점**
- 판매원이 접촉할 수 있는 고객의 수가 한정되어 있기 때문에 촉진의 속도가 매우 느린편이다.
- 고객 한 명에 대해서 많은 촉진비용이 사용된다.
- 유능한 판매원을 선발, 교육, 훈련하는 데 비용이 많이 들며, 유능한 판매원을 확보해서 유지하는 데 어려움이 따른다.

(5) 판매촉진

판매촉진(sales promotion)이란 기업이 소비자들의 즉각적인 반응을 유발시켜 단기적으로 매출을 증대시키기 위하여 사용하는 모든 수단을 의미한다. 소비자 판매촉진의 목적은 대량구매와 충동구매를 자극하고, 비사용자의 시험사용을 유도할 뿐만 아니라 경쟁제품을 사용하는 고객을 자사의 고객으로 전환시키려는 목적을 가지고 진행된다. 소비자 판매촉진 기법들로는 견본, 쿠폰, 프리미엄, 현금환불, 소액할인, 무료시용, 연계촉진 등이 있다.

(6) 직접마케팅

직접마케팅(direct marketing)은 대중매체나 판매원을 활용하지 않고 고객에게 직접 다양한 방법으로 커뮤니케이션을 하는 촉진활동을 의미하며 직접마케팅의 방법으로는 DM(direct mail)을 발송하거나, 텔레마케팅(telemarketing), 이메일 등을 통한 촉진활동이 있다. 직접마케팅은 고객에게 맞춤정보를 제공할 수 있는 장점이 있지만, 촉진속도가 느리고 비용이 많이 들뿐만 아니라 제한된 시간 내에 접근할 수 있는 고객의 수가 제한적이라는 단점이 있다.

5 국제마케팅의 이해

국제마케팅에 대해서 여러 가지 다양한 연구들이 진행되고 있지만 아직까지 명확한 개념정립은 이루어지지 않고 있다. 일반적으로 국제마케팅을 정의하면 다국적기업이 수행하는 마케팅으로 국경을 넘어서 일어나는 모든 형태의 마케팅활동으로 정의할 수 있다.

국제마케팅의 형태는 크게 두 가지로 분류해 볼 수 있는데, 한 가지는 국내에서 해외로 마케팅활동을 펼치는 형태이고, 다른 한 가지는 해외시장에서 직접 현지 소비자들을 대상으로 마케팅활동을 하는 것이다.

국제마케팅을 국내마케팅과 비교해보면, 마케팅의 기본적인 개념과 마케팅믹스는 차이점이 없지만, 각 나라마다 처한 상황이 다르기 때문에 이러한 상황들에 어떻게 대처해 나가야 되는지의 문제점이 있다.

1) 국제마케팅의 개념

국제마케팅에 대해서 여러 가지 다양한 연구들이 진행되고 있지만 아직까지 명확한 개념정립은 이루어지지 않고 있다. 일반적으로 국제마케팅을 정의하면 다국적기업이 수행하는 마케팅으로 국경을 넘어서 일어나는 모든 형태의 마케팅활동으로 정의할 수 있다.

국제마케팅의 형태는 크게 두 가지로 분류해 볼 수 있는데, 한 가지는 국내에서 해외로 마케팅활동을 펼치는 형태이고, 다른 한 가지는 해외시장에서 직접 현지 소비자들을 대상으로 마케팅활동을 하는 것이다.

국제마케팅을 국내마케팅과 비교해 보면, 마케팅의 기본적인 개념과 마케팅믹스는 차이점이 없지만, 각 나라마다 처한 상황이 다르기 때문에 이러한 상황들에 어떻게 대처해 나가야 되는지의 문제점이 있다.

2) 국제마케팅 환경

(1) 정치적 환경

국제마케팅에 있어서 정치적 환경(political environment)은 그 나라가 정치적으로 얼마나 위험하지 않고 안정되었는지를 의미한다. 아직까지 정치적 위험의 개념에 대해서는 엇갈린 주장이 제기되고 있다.

미국의 Kobrin은 정치적 위험을 **정치적 사전이나 과정에 의하여 야기된 잠재적으로 심각한 경영상의 위험**(Potentially significant managerial contingencies generated by political events and processes)으로 정의하였다. 정치적 위험의 구체적인 예를 들어보면, 외국기업에 대한 테러행위와 인종갈등 및 현지국 정부와의 갈등 등을 들 수 있다.

정치적 위험을 예측하고 평가하려는 노력은 다음의 세 가지 필요성에 의해 계속되어 왔다. 첫째, 미래의 위험한 국가를 미리 찾아내어 기업의 노출을 최소화하려는 필요성이다. 둘째, 필요 이상으로 정치적으로 불안정이 과다평가되었던 국가나 정치적 환경이 개선된 국가를 찾아내어 진출을 고려할 필요성이다. 셋째, 정치적으로 위험하나 진출대상에서 자동적으로 제외될 정도로 위험하지 않은 국가를 확인할 틀을 마련할 필요성이다(이철 · 장대련, 1999 : p.119). 일반적으로 정치적 위험을 평가하기 위해 다음 4가지 방법이 많이 사용된다(이철 · 장대련, 1999 : p. 120).

- **현지조사방법** 현지조사방법(grand tour)은 진출을 고려하는 국가에 경영자가 직접 방문하는 방법이다.
- **고문사용방법** 고문(old hand) 사용방법은 기업외부의 그 지역에 대한 전문가의 자문을 받는 방법이다.
- **델파이법** 델파이(Delphi)법은 전문가들에게 특정문제에 대한 독립적인 의견을 같이 나누게 함으로써 수렴된 의견을 모으는 방법이다. 델파이법을 사용하여 정치적 위험을 평가하는 대표적인 기업이 BERI (Business Environment Risk Index) 시스템이다. 이 시스템은 매년 약 45개 국가를 선정하여 100명의 전문가로 심사위원회를 구성하여 각 심사위원으로 하여금 특정국의 정치적 변수에 대하여 평가를 하도록 한다. 첫 번째 평가 후 각 심사위원은 다른 심사위원들의 평가가 종합된 결과를 보고 받으며, 이것을 기준으로 자기의 초기평가를 수정할 수 있다. 이와 같은 과정을 몇 차례 반복한 후 최종적으로 특정국가의 정치적 위험에 관한 최종평가가 결정된다.

• **계량적 방법** 최근 많은 기업들은 정치적 위험을 보다 객관적으로 평가하기 위해서 계량적 방법(quantitative method)을 사용한다. 많은 계량적 방법 중에 주로 많이 쓰이는 방법이 판별분석방법이다. 이 방법은 정치적 사건의 발생가능성을 예측하기 위하여 계량화할 수 있는 요인들 사이에 수학적 관계를 개발하는 것을 의미한다.

(2) 경제적 환경

국제마케팅의 경제적 환경(economical environment)에 영향을 미치는 요인은 크게 글로벌 경제환경과 개별적인 해외시장의 경제적 환경으로 나누어 볼 수 있다.

글로벌 경제환경은 시장의 글로벌화 지역경제의 통합으로 요약할 수 있다. 시장의 글로벌화는 전 세계 시장이 무역장벽의 철폐와 정보통신 및 교통수단의 발달로 하나의 경제 시스템으로 통합되는 경향을 나타내고 있는 것을 의미한다.

지역경제의 통합은 시장의 글로벌화와 함께 글로벌 경제환경의 주요한 경향으로 나타나고 있는데, 한 지역 내의 여러 국가들이 상호간에 관세 및 비관세장벽을 철폐하여 재화 및 서비스와 생산요소가 자유롭게 이동하도록 보장하는 협정을 의미한다.

개별적인 해외시장의 경제환경으로는 소득수준 · 인구 · 물가수준 · 상승률 등을 꼽을 수 있다.

첫째, 소득수준은 국제마케팅 환경에서 대부분의 제품의 경우 소득수준이 그 지역의 시장잠재력을 나타내는 중요한 경제적 지표가 된다.

둘째, 인구인데, 해외시장 잠재력을 측정하는 중요한 지표가 인구수이다. 특히 가격이 저렴한 소비재의 경우는 인구가 소득수준보다 시장잠재력을 나타내는 데 있어서 우선적인 지표가 될 수 있다.

셋째, 물가수준 및 상승률이다. 인플레이션(inflation)은 소비자들의 구매력에 영향을 미치고, 마케팅관리자의 계획을 어렵게 만드는 요인이 된다. 물가상승률이 높은 국가에서는 국제마케팅관리자가 보다 경제적인 제품을 만들어야 하며, 판촉(promotion)도 보다 합리적으로 해야 한다.

(3) 문화적 환경

국제경영환경에서 문화적 차이를 발견하려는 노력은 여러 학자들에 의해서 꾸준히 진행되어 왔지만, 특히 Hofstede의 연구는 각국의 문화적 차이를 실증적으로 제시했다는 점에서 중요한 연구로 평가받고 있다. Hofstede의 연구에 의하면 각국의 문화적 차이는 크게 네 가지 차원으로 분류할 수 있다.

첫째, 권력거리(power distance)인데, 이는 사회 내에서 부와 권력이 불평등하게 배분되어 있다거나 편중되어 있을 경우 이를 어느 정도 수용하는가 하는 것을 의미한다. 권력거리가 큰 문화에서는 권력과 부의 불균등성이 점차 확대되는 추세를 보이고, 권력거리가 낮은 문화에서는 사람들이 가능하면 이러한 격차를 줄이려고 노력하는 성향을 보인다.

둘째, 개인주의와 집단주의적 성향(individualism vs collectivism)인데, 이것은 사람들이 얼마나 개인주의적이거나 집단주의적 성향을 보이는가를 의미한다. 개인주의적인 사회에서는 개인들간의 연계가 느슨하고 개인의 성취와 자유가 높게 평가되며, 집단주의적 사회에서는 개인간의 관계가 밀접하게 연계되어 있다.

셋째, 불확실성의 회피(uncertainty avoidance)이다. 불확실성의 회피란 사람들이 모호한 상황이나 불확실성을 용인하는 정도를 의미한다. 불확실성 회피성향이 높은 문화에 있는 사람들은 직업안정성이나 직급의 승진 패턴에 대해서 상당히 높은 가치를 부여하며, 관리자들이 아주 분명한 지시를 내려 줄 것을 기대한다. 반면에 불화실성 회피성향이 낮은 문화에서는 변화에 대해서 두려워하지 않으며, 위험을 극복하려는 성향이 높게 나타난다.

넷째, 남성다움과 여성다움(masculinity vs femininity)의 성역할을 나타낸다. 남성중심적인 문화에서는 남녀간의 역할분담이 이루어져 있고, 성취감이나 자기주장 및 물질적인 성공에 대해서 강한 선호를 나타낸다. 반면에 여성중심적인 성향이 강한 문화에서는 복지와 화목에 더 높은 가치를 두는 경향이 있다.

Hofstede는 이와 같은 4개의 측면에서 각국의 문화가 어떠한 성격을 갖는지를 0에서 100사이로 점수화하였다. Hofstede의 연구는 각 국가별로 문화차이를 계량적으로 측정하는 틀을 제시한 것에 대한 기여가 있지만 몇 가지 문제점도 발견할 수 있다. 첫째, Hofstede의 표본이 일반화되기 어려운 문제점이 있다. 둘째, 각 국가별로 여러 개의 문화가 존재하기 때문에 각 국가마다 하나의 문화적인 단위를 측정해서 이를 비교하는 것은 만약 한 국가에 이질적인 문제가 혼재하는 경우 오류가 발생할 수 있다. 한편 최근에는 급속하게 국제경영환경이 변화하기 때문에 Hofstede의 연구를 지금 해당국가에 적용하는 것은 문제점이 있을 수 있다(장세진, 2004 : pp. 150~151).

3) 국제관광마케팅의 이해

가) 국제관광의 개념

국제관광에 대한 여러 가지 정의들이 있지만 일반적으로 국제관광(international tourism)이란 관광자가 자기 나라를 떠나 다시 돌아올 예정으로 다른 나라의 문물 · 제도 · 경관 등을 감상 · 유람할 목적으로 여행하는 것을 말한다. 국제관광에 대한 다른 학자들과 국제관광기구들의 정의를 살펴보면, WTO(World Tourism Organization : 세계관광기구)는 국제관광을 즐거움 · 위락 · 휴가 · 스포츠 · 사업 · 친지 · 업무 · 회의 · 건강 · 연구 · 종교 등을 목적으로 방문국에서 최소한 24시간 이상 1년 이하 체류하는 행위로 정의하고 있다.

또한 OECD(Organization for Economic Cooperation and Development : 경제개발협력기구)는 국제관광을 인종 · 성별 · 언어 · 종교 등에 관계없이 외국의 영토에서 24시간 이상 6개월 이내로 체류하는 것으로 정의하고 있다. 국내학자들로 김진섭은 국제관광을 "인간이 자국의 국경을 넘어 다시 자국으로 돌아올 목적으로 외국의 문물 · 제도 · 관습 · 산업 등을 관람 · 시찰하거나 풍경 등의 감상 · 유람을 목적으로 여행하는 것"이라고 정의하였다(김진섭, 1996 : 163).

위의 여러 국제관광기구와 학자들의 정의와 같이 국제관광은 한 마디로 말해서 국경을 넘어서 일어나는 관광행위로 국내관광과는 구별된다고 할 수 있다.

나) 국제관광마케팅의 개념

국제관관마케팅은 국제간에 있어서 변화하는 여건과 관련하여 소비자인 국제관광객(개인 혹은 단체)의 만족을 최적화하기 위해 NTO나 관광기업이 국제적인 차원에서 대상시장에 대한 조사 · 분석 · 계획 · 집행 · 통제를 행하는 체계적이고 통합된 시장활동이라고 정의할 수 있다(박상수, 2004 : p. 388).

일반적으로 국제관광 마케팅활동이라 함은 자국민들의 해외여행 촉진을 위한 아웃바운드(outbound) 마케팅을 의미하는 것이 아니라 외국인들이 자국을 관광하는 인바운드(inbound) 마케팅을 의미하는 것이다.

사례

중국대륙 평정하나 '농심의 힘'

10년새 매출액 2.4배, 순익 12.5배 커져
신라면 · 새우깡 등 브랜드 파워로 시장 공략

매운 걸 못 먹으면 사나이 대장부가 아니다 이 이색적 사나이론은 국내 라면 시장을 평정한 신(辛)라면의 중국 TV광고 내용이다. 중국인들은 매운 것을 잘 먹지 못한다고 한다. 그럼에도 불구하고 오히려 매운 맛을 강조한 것은 제품 맛에 대한 회사의 자신감에 비롯됐다. 신라면의 매운 맛을 이기지 못하면 사나이라고 자부하지 말라는 배짱 좋은 내용이지만, 중국 내에서 신라면 매출은 갈수록 늘고 있다.

광고 때문일까. 신라면은 중국 내 한국 제품 중 식품분야 인지도 1위를 차지하고 있다. 음식대국인 중국인 식성을 바꿀 정도로 브랜드 파워를 자랑하는 신라면의 생산업체는 농심(대표 이상윤)이다. 자사 제품에 대한 자신감은 최근의 불황조차 무색하게 만들고 있다.

세계적 불황으로 국내외 기업들이 허덕이는 요즘, 농심은 오히려 성장세를 과시하고 있다. 올 상반기 매출액과 순이익은 지난해보다 오히려 늘었다. 상반기 매출액은 7,169억 원으로 지난해 상반기(6,412억 원)보다 11.8% 늘었다. 순이익의 증

사례

가세는 더욱 두드러져 올 상반기 실적(609억 원)은 지난해 같은 기간 실적(410억 원)보다 무려 48.5% 증가했다. 올해 매출 목표(1조 5,000억 원)도 당연히 지난해 실적(1조 3,3396억 원)보다 늘려 잡았다.

시간을 확대해 10년 전인 1993년과 비교하면 매출액은 5,648억 원에서 2.4배(지난해 1조 3,396억 원) 규모로, 순이익은 64억 원에서 12.5배(지난해 800억 원) 규모로 커졌다. 농심이 최근 불어닥친 불황이란 파고를 극복할 수 있었던 비결은 무엇일까. 무엇보다도 강력한 브랜드력을 유지하고 있는 주력제품들의 활약이 지속되고 있기 때문이다.

무엇보다도 맛으로 승부

지난해 한국인들이 먹어치운 라면은 무려 37억 개에 달한다. 1인당 평균 80개다. 이 중 농심의 라면이 70%를 차지했다. 한국인들은 라면을 먹을 때면 농심 라면을 먹는다고 해도 과언이 아니다. 그 중에서도 신라면이란 막강한 제품의 위상은 흔들림이 없다. 신라면의 연간 매출액은 2,900억 원(2002년)으로 회사 전체 매출액의 21.6%나 차지하고 있다. 전체 라면시장에서 차지하는 비중은 23%에 이른다.

회사도 마케팅전략에서 신라면의 브랜드 파워를 앞세우고 있을 정도다. 가령 바둑의 탄생지란 자부심이 대단한 중국인들을 겨냥, 1999년 농심 신라면배 세계 바둑 최강전을 창설하면서 트로피 이름을 신라면배(杯)라고 명명한 것은 대표적 사례다. 최호민 홍보과장은 회사 이름보다 브랜드를 앞세운 것은 바둑이란 공통점 외에 라면 최대 소비국인 중국, 일본, 한국 등지에서 신라면의 인지도를 높이기 위한 것이라고 말했다.

농심은 모든 제품에서 넘버원(No.1) 브랜드 전략을 지향하고 있다. 넘버원 브랜드 전략을 고수하는 것은 유통업체들과 긴밀한 협력체제를 구축할 수 있기 때문이다. 잘 팔리는 제품은 유통업체에도 이익이 되는 만큼 유통업체 스스로 판매를 늘리려고 애쓴다는 설명이다. 넘버원 제품의 확대가 불황을 이기는 비결인 것이다.

농심의 넘버원 브랜드 전략은 라면에만 해당하는 것이 아니다. 두 번째 주자는 새우깡이란 스낵이다. 1971년 국내 최초의 스낵으로 탄생한 새우깡은 먹어보지 않은 한국인이 없을 정도의 인기를 자랑한다. 회사 전체 매출의 4.5%(600억

사례

원 · 2002년)를 차지하고 있다. 이 밖에 자장 스타일의 라면인 짜파케티, 용기면인 육개장 사발면, 신라면 컵, 신라면 큰사발면, 우동류인 생생우동도 모두 해당 분야의 넘버원 브랜드이다.

식품이 업계에서 1위를 차지하는 것은 하루아침에 이뤄지지 않는다. 식품은 무엇보다도 맛에서 승부가 갈린다. 소비자의 눈길을 끄는 광고나 새로운 마케팅전략으로 잠시 반짝 뜬다고 해도 맛이 뒷받침해주지 않으면 오래가지 못한다. 가령 라면의 맛을 좌우하는 수프 생산을 위해 농심은 경기도 안성에 최첨단 설비를 갖춘 수프 전문공장을 갖추고 고품질의 제품을 생산하고 있다. 이를 위해 100여 명의 연구진이 맛개발을 위해 밤낮 없이 혀를 혹사시키고 있다.

불황 극복의 두 번째 요인은 신제품 개발력이다. 신제품으로 새로운 시장을 만들거나 개척하는 것도 불황을 이기는 원동력이다. 무파마탕면 등 고급라면으로 새로운 시장을 만들어 키우고, 제주 삼다수, 웰치 포도주스, 햅쌀밥 등으로 새로운 시장을 꾸준히 개척한 것이 올 상반기 매출액과 순이익의 증가를 가져왔다는 설명이다.

하지만 맛이나 제품개발만으로는 승부를 가를 수 없다. 맛이 아무리 좋아도 경쟁제품에 비해 너무 비싸면 곤란하다. 중국에서 신라면은 2,8위안(389원)으로 1~2위안(139~278원)인 다른 제품보다 비싸게 팔리기는 하지만 마냥 비쌀 수만은 없다. 제품 원가를 낮추기 위한 생산성 향상은 불황 극복의 또 다른 원천이다. 생산성 향상 노력은 엄청난 생산력 증대를 가져왔다. 전 공정을 완전 자동화시킨 라면 초고속 제조설비의 도입으로 과거 1분에 250개 포장하던 것이 지금은 무려 600개를 포장한다.

판매력 강화에도 주력

판매력 강화 역시 빼놓을 수 없다. 시장에서는 제품의 질이 뛰어난 것만으로 매출을 마냥 늘릴 수는 없다. 판매력이 뒷받침돼야 한다. 판매력 제고를 위해 농심은 2001년부터 21세기형 영업혁신 시스템을 새로 가동하고 있다. 21세기형 영업시스템이란 무엇인가. 회사측 설명을 들어보자. 21세기형 영업혁신 시스템은 과거 단순히 현장에서 주문을 확인하는 것과는 차원이 다릅니다. 인터넷 등 새로운

사례

통신수단을 활용해 현장에서 주문까지 완벽하게 처리하는 것입니다. 현장이 사무실이 되는 이동 사무실(모바일 오피스) 개념입니다.

새로운 영업시스템은 당연히 영업경쟁력 강화로 이어지고 있다. 제품을 공장에서 최종 소비지까지 신속하게 운반하는 물류시스템 개선도 불황 극복에 한몫 하고 있다. 국내 최초로 인공위성을 이용한 자동차량추적관리시스템(AVLS)은 최적의 배달루트 개발, 도착예정시간의 전산화 등에 활용하고 있다. 새로운 시스템은 최근 차량증가로 갈수록 힘들어지는 배달 문제와 수송비 증가 문제를 한꺼번에 푼 해결사라는 설명이다. 농심은 국내 시장 평정에 이어 최근 중국 등 외국 시장 개척에 더욱 힘을 쏟고 있다. 우선 총력을 기울이고 있는 곳은 중국 시장이다. 13억 인구가 라면에 맛을 들인다면 엄청난 성장은 불문가지다. 현재 중국은 연간 192억 개를 소비하고, 연평균 27%의 성장세를 보이는 세계 최대 라면 시장이다. 그러나 1인당 라면 소비는 연간 15개로 한국보다 훨씬 적어 시장 잠재력은 무척 큰 상태다.

농심의 중국 시장 진출은 1996년 중국 상하이가 1호이다. 이어 1998년 칭다오에 농수산물 가공 및 수프 생산을 하는 제 2공장을 완공했으며 2000년 11월 중국 선양에 라면과 스낵 공장을 가동했다. 농심은 대도시 중산층 이상을 주 공략대상으로 삼고, 가격도 시장 최고 수준으로 책정하는 고가전략을 구사하고 있다. 고급 이미지 유지를 통해 시장을 개척하겠다는 전략이다.

내년엔 미국에도 공장을 설립한다. 미주 지역 수출이 늘어남에 따라 시장의 수요에 신속하게 대응하기 위해 LA 근교에 공장을 설립하기로 했다는 설명이다. 미국 공장은 단순히 교민만이 아니라, 라면 맛을 즐기기 시작한 아시아계, 중남미계, 나아가 유럽계 민족을 겨냥하고 있다. 라면의 본고장 일본인들 사이에도 신라면의 성과가 드높다는 것이 회사측 자랑이다. 과거 일본인들이 한국 관광을 왔을 때 사 가는 것은 김이었으나 지금은 신라면과 김치라는 것이다.

농심은 해외의 인기에 힘입어 70여 개국에서 라면을 중심으로 1억 달러(1,1150억 원)의 매출을 올릴 계획이다.

자료 : 주간조선, 2003. 10.

4) 국제관광마케팅의 절차

(1) 국제관광 시장조사

국제마케팅 활동의 가장 우선되는 절차는 시장조사(market research)이다. 시장조사의 대상이 외국인 또는 외국의 환경이기 때문에 시장의 특성에 대한 정확한 인식이 없이는 시장조사는 무의미해지고 만다. 즉, 국제관광에 있어 시장조사는 국제관광 수요시장의 환경 및 관광동향을 조사하고 연구하여 관광객이 무엇을 원하는지를 찾아내는 것이다. 국제관광환경은 국내관광환경과 달리 매우 다양하고 복잡하기 때문에 각각의 시장 특성을 파악하는 것이 중요하다.

(2) 국제관광시장 마케팅계획

국제관광마케팅에 있어서 두 번째 절차는 국제관광시장 마케팅계획을 수립하는 것이다. 이는 잠재관광객이 모여 있는 특정시장을 목표로 하여 마케팅목표를 명시하고, 이에 따른 수단을 활용하여 시간과 장소 및 노력에 따라 추진되어야 하는 시장활동의 예측계획을 의미한다. 마케팅계획은 기업경영활동의 미래지향적 설정을 의미하는 것으로써 목표의 설정과 기본계획의 수립 및 계획의 평가 등의 절차로 진행된다.

(3) 국제관광시장 마케팅활동

국제관광시장의 마케팅활동으로는 국제관광시장의 촉진활동을 들 수 있는데, 이는 대상의 해외시장에 대하여 관광시장 · 관광대상 · 관광특성 · 관광시설 등에 대하여 정확한 지식을 제공하고 독특한 관광매력을 전파시킴으로써 고객에게 관광동기를 일으키게 하고 관광의욕을 자극시키는 각종 촉진활동을 실시하는 것을 의미한다(박상수, 2004 : pp. 389~401 재작성)

제9장

서비스 마케팅 믹스

1. 서비스 프로세스
2. 서비스 물리적 증거 관리
3. 서비스 인적자원 관리

제9장 서비스 마케팅 믹스

서비스 마케팅 믹스는 전통적 마케팅 믹스인 제품(product), 가격(price), 유통(place), 촉진(promotion)과 더불어 사람(people), 물리적 증거(physical evidence), 과정(process)의 세 가지 부분이 추가되어 일반적으로 7P라고 불리며, 서비스마케팅 믹스와 관련된 내용의 요약은 다음과 같다.

사람	물리적 증거	과정
- 종업원(고용, 훈련, 동기부여, 보상, 팀워크) - 고객(교육, 훈련) - 문화 및 가치에 대한 커뮤니케이션 - 종업원 조사	- 시설디자인(탐미성, 기능성, 분위기) - 장비 - 종업원 복장 - 기타 유형물(보고서, 명함, 소개서, 품질보증서)	- 활동흐름(표준화, 맞춤화) - 단계(단순, 복잡) - 고객참여수준

자료 : Zeithmal and Bitner(1996), Service Marketing, New York: The Mcgraw Hill, p.25

1 서비스 프로세스

1) 서비스 프로세스의 개념

서비스 프로세스란 서비스가 전달되는 절차 또는 활동들의 흐름을 의미한다. 고객이 경험하는 서비스는 일정한 결과물을 갖는 경우도 있지만 많은 서비스가 일련의 과정(process)이며, 흐름(flow)의 형태로 전달되기 때문에 서비스 프로세스는 서비스 상품 그 자체이기도 하지만 동시에 서비스 전달과정인 유통의 특성도 가지고 있다고 할 수 있다. 서비스의 특성상 서비스는 생산과 소비의 동시성과 저장의 불가능성이라는 특성을 가지고 있기 때문에 고객과 밀접하게 관련되어 있다고 할 수 있는데, 예를 들어, 호텔에 투숙하는 고객의 경우 숙박을 목적으로 호텔에 가는 것이지만, 호텔에 도착하여 체크인하는 과정에서부터 객실로 안내되기까지의 과정도 매우 중요한 부분이라고 할 수 있다.

서비스 프로세스에서 중요한 부분은 서비스 프로세스의 표준화(standardization)와 고객화(customization)의 문제라고 할 수 있는데, 일반적으로 표준화는 주로 제품의 생산부분에서 많이 사용되는 개념이지만 서비스에서도 서비스의 프로세스를 구체적인 규칙과 기준을 적용하여 표준화 할 수 있다고 할 수 있다. 예를 들어, 항공산업의 경우 미국의 사우스웨스트 항공사는 가격이 저렴한 대신 기내에서 음료나 식사를 제공하지 않는 프로세스를 표준화한 사례라고 할 수 있다.

2) 서비스 프로세스 관리

서비스의 프로세스는 구매 전 대기관리, 결정적인 순간인 MOT(Moment of Truth), 구매 후 관리 등으로 구분해서 관리할 수 있으며, 각 프로세스에 관련된 설명은 다음과 같다.

(1) 구매 전 대기관리

대기란 고객이 서비스를 받을 준비가 되어있는 시간부터 서비스가 시작되기까지의 시간을 의미하는데, 호텔에서 체크인부터 객실로 안내되기 까지의 과정, 음식점에서 음식을 주문한 후 대기하는 과정, 병원에서 진료를 위해 대기하는 과정 등의 예를 들 수 있다. 이러한 대기는 서비스의 특성상 어쩔수 없이 일어나는 상황이지만 모든 고객들이 이러한 상황에 대해서 이해하는 정도가 같지 않으며, 기업의 입장에서는 이러한 대기시간을 효과적으로 관리하는 것은 고객에게 만족도를 높여줄 수 있기도 하지만 반대로 고객의 만족도에 부정적인 영향을 미칠 수도 있기 때문에 구매전 대기관리는 기업에게는 매우 중요한 부분이라고 할 수 있다. 대기관리의 방법을 살펴보면, 물론 가장 바람직한 관리기법은 예약을 미리 받아서 고객이 도착하자마자 서비스를 제공하는 방법이지만, 현실적으로 실행하는데 여러 어려움이 발생하기 때문에 공정한 대기시스템 구축, 서비스가 시작되었다는 인식을 고객에게 심어주기,

대기시간에 관한 정보제공, 고객에게 집중한다는 인식 심어 주기 등을 활용할 수 있다.

(2) MOT

결정적인 순간(Moment of Truth)은 고객이 기업의 종업원 또는 특정 자원과 접촉하는 그 서비스의 품질에 대한 인식에 영향을 미치는 상황을 의미한다. 이러한 순간은 서비스 접점(service encounter)에서 서비스에 대한 생생한 인상이 고객에게 형성되어 고객이 인지하는 서비스의 품질에 영향을 미치는 결정적인 역할을 하게 되기 때문에 매우 중요한 순간이라고 할 수 있다. 서비스에서 결정적인 순간의 개념을 도입해 사용한 사람은 스칸디나비아 항공의 Jan Carlson인데, 그는 한 해에 천만 명의 승객이 각각 5명의 스칸디나비아 항공의 종업원과 접촉했다는 것을 강조하며, 1회 접촉 시간이 평균 15초인데 이 짧은 시간에 1년간 5천만번의 고객의 마음에 스칸디나비아 항공의 이미지를 심은 것이라고 하였다.

또한, 매 순간마다 종업원들이 스칸디나비아 항공사의 이미지를 결정하기 때문에 매순간이 매우 중요하다고 하였다. 이러한 결정적인 순간은 위에서 언급된 스칸디나비아 항공사의 사례뿐만 아니라 특히 호텔, 여행사, 레스토랑 등 환대산업에서는 매우 중요한 부분인데, 예를 들어, 호텔의 경우 고객들은 종업원과 서비스 접점에서 부딪히는 순간뿐만 아니라 외형적인 건물을 볼 때라던지, 로비에 들어섰을 때에도 결정적인 순간을 가질 수 있기 때문에 환대산업에 있어서 서비스 품질은 매우 중요한 부분이라고 할 수 있겠다.

(3) 서비스 프로세스 개선 방법

서비스의 구매 후 관리를 위한 방법은 서비스가 종료된 후 수정할 부분이 없는지 확인하는 과정이라고 할 수 있는데, 그 방법 중 하나로 서비스 청사진(service blue printing)을 이용한 방법이 있다(이유재, 2004, p.266). 서비스 청사진이란 핵심서비스 프로세스를 그 특성이 나타나도록 객관적으로 설명해 놓은 것으로 서비슬 객관적이며 알아보기 쉬운 방식의 그림으로 나타낸 것이다. 종업원, 고객, 기업 측에서 서비스 전달과정에서 해야 하는 각자의 역할과 서비스 프로세스와 관련된 단계와 흐름 등 서비스 전반을 이해하도록 묘사해 놓은 것이다. 서비스의 생산은 미리 정의된 순서대로 전달되어야 하기 때문에 처음부터 잘못 설계된 서비스 시스템상에서의 생산흐름은 잘못 전달되거나 커뮤니케이션상의 장애가 발생할 수 있는데, 이는 고객에게 접촉의 순간의 관리를 적절하게 할 수 없는 문제점이 발생하게 된다.

특히, 서비스 청사진은 서비스 상품 개발의 설계와 재설계의 단계에서 유용하다. 서비스 청사진은 서비스 전달의 프로세스와 고객과 종업원의 역할, 가시적인 서비스 구성요소 등을 동시에 보여줌으로써 서비스에 대한 내용을 시각적으로 제시한다. 또한, 서비스 청사진은 서비스를 논리적인 구성 요소들로 나누어 프로세스의 각 단계와 과업, 과업이 수행되어지는 수단, 고객이 경험하는 서비스의 물리적 환경 등을 보여준다.

2 서비스 물리적 증거 관리

서비스의 물리적 증거(physical evidence)란 서비스가 전달되어지고 기업과 고객의 상호작용이 이루어지는 환경을 의미하는데, 서비스를 전달하는데 동원되는 모든 유형적인 요소를 포함한다. 물리적 증거는 물리적 환경(physical environment)과 기타 유형적인 요소(other tangibles)로 구성되는데, 물리적인 환경은 건물의 외형, 주차장과 같은 외부환경과 인테리어와 같은 내부 환경으로 나누어진다. 기타 유형적인 요소로는 종업원의 유니폼등과 같은 유형적인 요소가 포함된다.

이러한 물리적 증거는 고객의 구매의사결정에 많은 영향을 미칠 뿐만 아니라 서비스 품질 평가기준인 유형성에 포함되는 중요한 부분이라고 할 수 있다. 예를 들어, 항공사의 경우 물리적 환경은 항공기의 색상 등과 같은 외형적인 부분이 포함되며, 기타 유형적인 요소로는 승무원의 유니폼 등이 포함된다고 할 수 있다. 또한, 호텔의 경우도 물리적인 증거의 중요성을 인식해야 하는 대표적인 산업 중 하나이기 때문에 호텔의 외부 건물 등을 광고하여 촉진전략의 일환으로도 활용하고 있다.

3 서비스 인적자원 관리

서비스업은 인적자원에 대한 의존성이 상대적으로 제조업보다 크기 때문에 인적자원관리에 대한 중요성이 상당히 높다고 할 수 있다. 서비스기업의 인적자원관리는 내부마케팅과 임파워먼트를 통해서 이해할 수 있으며, 이에 대한 설명은 다음과 같다.

1) 내부마케팅

서비스기업에게 가장 중요한 점은 고객만족이라고 할 수 있다. 이러한 목표를 달성하기 위해서는 다른 산업도 마찬가지지만 특히 서비스기업에 있어서의 인적자원은 기업에게 가장 중요한 자원이라고 할 수 있다. 서비스기업들에게 고객은 가장 중요한 사람들이기 때문에 이렇게 중요한 사람들에게 서비스를 제공하는 내부고객인 직원들도 매우 중요하다고 할 수 있다. 이것이 바로 내부마케팅의 중요성이다. 서비스 기업이 성공적으로 운영되려면 고객과 종업원 모두를 잘 관리해야만 하는데 이것이 바로 서비스 기업의 인적자원관리라고 할 수 있다. 서비스 기업의 인적자원관리에서 중요한 점은 내부마케팅(internal marketing)인데, 한 마디로 요약하면 기업이 내부고객인 종업원에게 하는 마케팅을 의미한다. 성공적인 내부마케팅을 위해서는 내부마케팅이 전략적 관리의 주요한 부분으로 인식되어야 하고, 내부마케팅 과정이 조직구조나 경영층 지원의 부족으로 방해 받지 않아야 하며, 최고경영층이 내부마케팅에 대해 지속적으로 적극적인 지원을 해야 한다. 또한, 이러한 내부마케팅의 목표는 종업원 만족의 향상이라고 할 수 있다. 이러한 종업원의 만족 향상을 위해서는 동기부여(motivation)가 중요하며, 훌륭한 종업원을 유치하고 보유할 수 있는 직무나 환경도 매우 중요하다고 할 수 있다. 또한, 관리방법, 인사정책, 직무 자체의 성격, 계획 및 실행과정 등도 중요한 요인이라고 할 수 있다.

표 8-1 종업원 만족의 유형

구분	내용
1. 일에 대한 만족도	- 지금 하는 일이 자신을 성장시켜 주는가? - 자유재량의 폭이 넓은가? - 고객이나 타부서의 사람에게 공헌하고 있는가?
2. 직장에 대한 만족도	- 상사와의 커뮤니케이션은 잘 이루어지고 있는가? - 동료들과의 커뮤니케이션은 잘 이루어지고 있는가? - 결정된 일은 모두 수행하려는 결속력이 있나?
3. 인사에 대한 만족도	- 인사평가와 처우는 공정하다고 생각하는가? - 실패를 비난하지 않고 재도전하게 해주는가? - 개인의 성장을 지원해주는가?
4. 근로조건에 대한 만족도	- 복리후생은 잘 되어 있는가? - 소득수준은 일에 비해 합당한가? - 근무조건은 납득할 만 한가?
5. 회사에 대한 만족도	- 경영자세에 공감할 수 있는가? - 이 기업에 근무하는 것에 대해 자부심을 가지고 있는가? - 지역사회에의 공헌 등 좋은 이미지를 가지고 있는가?

자료 : 이유재, 서비스마케팅, 2004, p.296

또한, 서비스업은 제조업보다 노동집약적인 경향이 강하기 때문에 같은 조직내에서 사람들끼리의 갈등(conflict)이 제조업보다 더 많이 발생할 수 있기 때문에 서비스를 제공하는 종업원의 만족도는 서비스 품질의 결정요인이 되기 때문에 종업원들의 갈등관리가 중요한 점이라고 할 수 있다.

종업원이 겪는 갈등의 유형은 4가지로 분류할 수 있는데 종업원과 역할의 갈등, 종업원과 조직의 갈등, 종업원과 종업원의 갈등, 종업원과 고객의 갈등이 있다. 갈등의 유형별 원인과 관리방법은 아래와 같다.

표 8-2 갈등의 유형별 원인과 관리방법

유형	원인	처방
종업원과 역할의 갈등	-직무의 부적합 -의복 규정	- 채용시 지원자 선별에 신중을 기한다. - 지도와 훈련을 한다. - 종업원의 불평토로 절차를 만든다.
종업원과 조직의 갈등	-두 명의 상사에 대한 어려움	- 종업원에게 기업의정책과 목표를 확실하게 이해시킨다. - 종업원에게 권한을 부여한다. - 종업원의 의사결정을 지원한다.
종업원과 종업원의 갈등	-명쾌한 커뮤니케이션의 부족 -명령체계의 부족 -성격간의 갈등 -고객에 대한 경쟁 -업무량에 대한 차이 인식	- 갈등의 원인을 결정한다. - 다른 곳에서 정보를 구한다. - 가능한 해결책을 탐색한다. - 종업원 양측을 갈등해결 계획에 포함시킨다. - 후속조치를 취한다.
종업원과 고객의 갈등	-고객의 역할 수행 부족 -소유권 -다양한 고객의 행동	- 고객과 종업원 양측이 제역할을 충분히 이해해야 한다. - 새로운 고객을 지도한다. - 여러 유형의 고객들에 대한 응대 태도를 교육한다.

자료 : 이유재, 서비스마케팅, 2004, p.297

2) 임파워먼트

임파워먼트(empowerment)는 종업원에게 상황에 따른 의사결정권한을 부여하는 것을 의미한다. 고객의 만족을 위해서는 종업원에게 상황에 따른 의사결정권한을 부여하는 것이 필요하다. 이러한 임파워먼트를 통해서 고객만족을 증대시킬 수 있으며, 내부마케팅 측면에서는 종업원들의 직무만족을 가져올 수 있다. 임파워먼트의 장점으로는 서비스 전달시 고객에게 즉각적인 대응을 할 수 있으며, 서비스 회복시 불만족고객에게 즉각적인 대응을 할 수 있다. 또한, 종업원의 직무만족과 자기만족 을 높일 수 있으며, 종업원들에게 동기를 부여할 수 있다. 하지만 종업원의 선발과 훈련에 많은 비용이 소요되며, 종업원마다 상황에 대한 인식이 다르므로 일관되지 못한 서비스가 전달될 우려가 있다. 또한, 종업원이 잘못된 의사결정을 할 경우 이에 대한 대비책이 없는 것이 단점이라고 할 수 있다.

3) 정서적 노동관리

정서적 노동(emotional labor)이란 종업원 감정이 업무상 하나의 요소가 되는 노동을 말하는 것으로(Hochschild, 1983), 인간의 심리적인 반응과 감정적인 반응이 업무결과에 반영되는 노동을 의미한다. 정서적 노동이란 서비스산업의 경우 종업원의 미소, 아이 컨택트(eye contact), 진심어린 관심 등과 같은 정서적인 감정에 따라 서비스의 성과가 많은 영향을 받고 이를 통해 고객들의 감정을 유도하거나 억제시킴으로써 효과적인 직무를 달성하게 된다. 예를 들어, 호텔, 항공사등 환대산업에 종사하는 종업원들은 육체적, 정신적 노동과 더불어 정서적 노동을 의식하기 때문에 스트레스 정도가 다른 산업에 비해 높을 수 있지만, 항상 최고의 서비스 수준을 유지해야 한다는 점을 의식해야 한다. 또한, 기업차원에서 정서적 노동을 하는 종업원들에 관한 인적자원관리도 중요한 주제라고 할 수 있다.

제10장

서비스 산업과 글로벌화

1. 글로벌화의 이해
2. 글로벌화가 서비스 산업에 미치는 영향

제10장 서비스 산업과 글로벌화

1 글로벌화의 이해

1) 글로벌화의 개념

최근 세계경제가 큰 변화를 겪고 있는데 그 핵심적인 내용은 여러 가지 장벽에 의해서 국가별로 운영되던 경제시스템이 국가별로 언어(language), 문화(culture), 거리(distance) 등의 차이에도 불구하고 점점 하나의 경제 시스템으로 통합되는 경향을 나타낸다는 것이다. 이러한 현상속에서 여러 국가들 간의 상호의존성(interdependence)도 점차 높아지고, 모든 산업은 더욱 빠른 속도로 글로벌화 되어 가고 있고 글로벌기업들은 서로 무한경쟁을 하고 있는 현실이다.

글로벌화(globalization) 또는 우리말로 세계화에 대한 정의는 다양하지만 일반적으로 기업이 개별국가시장에 대해 각각 다른 전략을 취하기 보다는 전세계시장을 하나의 시장으로 보고 통합된 전략을 수립하는 것을 의미한다(Porter, 1986 ; 장세진, 2004).

글로벌화는 시장의 글로벌화와 생산의 글로벌화의 두 가지 주요한 부분으로 구성되어 있는데, 시장의 글로벌화란 국가별로 나누어져 있던 시장을 하나의 거대한 글로벌시장으로 합병하는 것을 의미한다. 생산의 글로벌화는 기업들이 노동력. 토지. 원자재. 에너지 등의 생산요소들을 가격과 품질측면에서 국가별 차이를 이용하여 제품과 서비스를 다른 지역에서 생산하는 경향을 나타내는 것을 의미하는데, 생산의 글로벌화가 일어나는 이유는 기업들이 경쟁기업들보다 경쟁우위를 확보하기 위하여 낮은 비용구조와 높은 품질을 소비자들에게 제공하기 위하여 노력하기 때문이다.

글로벌화와 국제화(internalization)를 비교해보면, 국제화는 국가 단위로 시장이 구성되었던 상황에서 한 국가에 있던 기업이 다른 국가로 진출하는 것을 의미했던 반면, 글로벌화는 국가별로 시장을 구분하는 의미가 없어졌다는 것이다. 글로벌화된 환경하에서는 제품. 서비스. 기술 등이 각 국가에서 국가로의 이동이 자유롭고, 인적자원과 자본의 흐름도 자유롭다고 할 수 있다.

특히, 글로벌화가 관광산업에 미치는 영향은 매우 크다고 할 수 있는데 글로벌화로 인해 국제관광이 촉진되어 관련 산업이 빠른 속도로 성장하고 있다. 이러한 글로벌경영환경하에서국제관광과 관련된 기업인 호텔, 항공사, 외식업체, 여행사 등이 다국적기업화 되어가고 있는 추세이다. 따라서, 글로벌화는 이제 일반적인 현상이 되었으며 국제관광경영적인 측면에서도 많은 국제 관광기업들이 급변하는 글로벌 경영환경에 적합한 경영전략을 수립하는 것이 필요하다고 하겠다.

2) 글로벌화의 촉진요인

(1) 자본집약적인 생산방식과 규모의 경제의 중요성 증대

우리나라의 많은 기업들이 해외로 진출하는 것을 일반화하고 있는데 가장 큰 이유 중 하나우리나라 소비자들만을 대상으로 제품을 판매하게 되면 생산비용을 충당하기가 어렵기 때문이다. 그만큼 이제는 글로벌화가 일반화되었고 글로벌 경영환경의 변화도 급속하게 일어나고 있다.

이러한 환경하에서 최근 모든 산업의 생산방식에서 공통적으로 일어나는 현상 중 하나는 노동집약적인 생산시스템에서 자본집약적인 생산시스템으로의 전환 가속화를 들 수 있다. 이러한 현상은 생산 활동에 있어서 노동비용의 비중이 점차 감소하는 동시에 자본비용이 증가한다는 의미인데, 자본비용 증가의 주요한 이유는 연구개발비용의 증가와 첨단생산설비로 인한 비용 증가이다. 특히, 이러한 현상은 정보통신(telecommunication)과 생명공학(biotechnology) 등의 첨단산업과 자동차. 화학 등 생산비용이 많이 소요되는 산업에서 더욱 두드러지게 나타나고 있다. 이러한 생산활동비용의 증가로 기업의 입장에서는 규모의 경제(economies of scale)를 이용한 대량생산을 하게 되고, 각 국가별 내수시장만으로는 대량생산된 제품의 수요가 한정되어 있기 때문에 전세계시장으로의 제품판매를 모색하게 된다. 우리나라의 현대, 기아자동차가 세계 곳곳에 생산기지를 건설하고 전 세계시장을 대상으로 자동차 판매에 힘쓰는 것이 좋은 예라고 할 수 있다.

(2) 기술의 발전

글로벌화를 촉진시키는 요인 중 하나는 기술의 발전인데, 특히, 교통기술의 발전, 정보통신기술의 발전, 첨단산업기술의 발전 등을 이유로 들 수 있다. 먼저, 교통기술의 발전과정을 살펴보면, 제2차 세계대전 이후 항공산업기술의 발전과 컨테이너 운송의 도입으로 급격한 교통의 발전을 가져왔으며 이러한 교통산업의 급속한 발전이 글로벌화를 더욱 촉진시키는 중요한 원인이 되었다.

또한, 빠른 기술의 발전과 더불어 많은 연구개발(R & D)에 대한 투자가 글로벌화를 촉진시키는 원인이 되었다.

예를 들어 첨단산업이라고 할 수 있는 전자, 통신, 컴퓨터, 의약품제조산업 등에서는 총매출액에서 연구개발비용이 차지하는 비율이 평균적으로는 7~8%, 높게는 15%까지도 소요되고 있는데, 이와 같이 연구개발비용이 많이 투자되는 사업에서는 국내시장의 수요만으로는 그처럼 높은 연구개발비를 충당하기 힘들다. 그렇기 때문에 위에서 언급된 첨단산업의 경우 전세계시장을 대상으로 신제품개발과 판매가 지속되어야 연구개발비용을 충당할 수 있게 된다. 따라서 이렇게 첨단산업에 속해 있는 다국적기업들이 시장을 전세계를 대상으로 하고 있기 때문에 글로벌화는 더욱 가속화되고 있다고 할 수 있다.

(3) 전 세계 소비자 취향의 동질화

글로벌화의 가장 큰 요인 중 하나는 이질적이었던 각국 소비자의 취향이 점점 동질화되어가고 있다는 점이다. 이렇게 전세계소비자의 수요와 구매행태가 과거에 비해 동질화되어가고 있는 가장 큰 이유는 인터넷을 중심으로 한 정보통신기술의 발전이라고 할 수 있다.

이와 같이 하루가 다르게 발전하고 있는 정보통신기술의 발전으로 기업들은 전 세계를 단일시장으로 보고 빠른 시간내에 전세계소비자들의 수요에 부응할 수 있는 제품을 만들어야 경쟁력을 가지고 생존할 수 있게 되었다.

여기서 한 가지 비교해야 할 점은 최근 전세계 소비자 취향의 동질화는 과거의 국제화의 영향으로 선진국에서 먼저 개발된 제품이 점차 저개발국가로 이동되어 시차를 두고 전 세계 소비자 취향이 동질화 되었던 이른바 제품수명주기이론(product life cycle theory)과는 다르다는 것이다. 예전에는 시차를 두고 전세계소비자 취향의 동질화가 있었던것에 비하여 최근에는 인터넷의 일반화로 선진국과 후진국과의 약간의 시차는 있겠지만 거의 비슷한 시기에 같은 제품이나 서비스에 대해서 전 세계의 모든 소비자들의 취향이 동질화 되었다고 할 수 있다.

또한, 소비자취향의 동질성이 비슷한 시기에 나타나는 다른 이유로 전세계소비자들의 구매력 증대를 꼽을 수 있다. 개발도상국들의 경제적 발전이 국민들의 소득증대로 나타나고 이러한 국민들의 소득증대가 선진국에서 생산되는 제품을 소비하려는 경향으로 나타나고 있다.

(4) 무역장벽의 감소

최근 전 세계적으로 극소수의 국가를 제외하고 무역장벽이 낮아지고 있는 상황이며, 자본의 이동도 자유로워지고 있다. 특히, WTO(World Trade Organization:세계무역기구)체제의 출현으로 이러한 현상을 앞으로 더욱 가속화될 것으로 예측된다.

또한, 요즘 활발하게 진행되고 있는 여러 국가들과의 자유무역협정(free trade agreement)의 진행등에 힘입어 가까운 시일안에 국가간의 무역장벽의 감소는 더욱 더 가속화 될 것으로 예측된다. 우리나라의 경우도 최근 미국, 인도, EU 등과 자유무역협정을 체결하거나 체결을 진행중이며, 이러한 영향으로 서비스산업을 더욱 더 글로벌화 될것으로 기대되며, 특히, 호텔관광산업에 있어서 많은 영향이 있을 것으로 예상된다.

이러한 글로벌 경영환경의 변화속에서 우리나라의 관광기업들도 글로벌화된 세계적인 관광기업들과 경쟁하기 위해서는 우리나라 기업들만이 보유한 경쟁우위를 활용할 수 있는 적합한 방법을 찾아보는 것이 시급하다고 할 수 있다.

사례

글로벌라이제이션

롤랜드 빌링어(Roland Villinger) 맥킨지 서울사무소 대표
강혜진 맥킨지 서울사무소 부파트너

기업의 글로벌라이제이션(globalization)이란 기준으로 평가할 때 한국은 소수 정예라는 특징을 갖고 있다. 글로벌 시장이란 링에 오른 기업은 많지 않지만, 챔피언은 많이 배출했다는 얘기다. 맥킨지가 2005년 말 기준으로 전 세계 시가총액 상위 2000개 기업(G2000)을 글로벌 경쟁력에 따라 등급을 평가한 결과, 3.4%인 68개 기업이 최고 등급인 글로벌 챔피언(global champi-on)으로 분류됐다. 글로벌 챔피언은 과거 10년 간의 경영성과, 진출지역 및 사업의 다각화 정도, 매출액·시가총액 등 다양한 항목에서 강력한 글로벌 위상을 갖고 있는 기업으로, MS(마이크로소프트)·GE(제너럴일렉트릭)·존슨앤존슨(Johnson&Johnson)·HSBC 등 내로라하는 서구 기업들과 함께 인도 릴라이언스그룹(Reliance Group) 등 아시아 기업들도 포함돼 있다.

소수정예 한국의 글로벌 기업

조사결과를 들여다보면, 한국 입장에서 고무적인 현상과 우려스러운 대목이 한 가지씩 눈에 띈다. 먼저 고무적 현상은 한국이 경제규모에 비해 글로벌 챔피언을 많이 배출했다는 것이다. 세계 GDP에서 한국의 비중은 2% 남짓이지만, 글로벌 챔피언 중 4%(3개)를 한국 기업들이 차지했다. 실제로 GDP 1조 달러당 글로벌 챔피언의 수는 한국이 3.7개로, 미국(2.2개), 일본(0.7)개, 중국(0.4개) 등을 능가한다.

반면 우려스러운 대목은 한국에 글로벌 기업의 저변이 취약하다는 것이다. G2000 중 한국기업의 비중은 2%(41개)로 글로벌 챔피언(4%)의 절반 수준이다. 또 글로벌 챔피언의 다음 등급인 글로벌 유망주(global contender)로는 G2000 중 426개 기업이 선정됐는데, 이중 한국기업의 비중은 2%(9개)에 그쳤다. 글로벌 유망주는 내수 시장에서 강력한 경쟁력을 갖추고 있지만, 사업규모와 진출지역, 사업분야의 다양성 등에서 글로벌 챔피언만큼의 수준을 확보하지 못한 기업이다. 인도 복제약(generic) 의약품 시장의 선두주자인 란박시(Ranbaxy)같은 기업들이 글로벌 유망주에 해당한다.

사례

반면 중국의 경우, 글로벌 챔피언에서 차지하는 비중은 2%로 낮지만, 점진적으로 세계화를 진행하는 G2000이나 글로벌유망주에서 차지하는 비중은 각각 4%로 한국보다 높다. 특히 중국과 인도 기업들이 빠른 속도로 글로벌화하고 있다는 점을 감안할 때, 한국의 소수정예주의가 오래 지속되기는 어려울 것으로 보인다. 단적인 예로, 해외직접투자액의 경우 한국은 2003년 34억달러에서 2006년 71억달러로 연평균 28% 증가하는 데 그쳤지만, 중국과 인도는 같은 기간 연평균 77%, 68% 급증했다.

글로벌라이제이션의 6가지 과제

글로벌라이제이션은 한국 기업이 피할 수 없는 숙명적 도전이자 극복해야 할 과제다. 하지만 성공적으로 글로벌화하는 것은 쉬운 일이 아니다. 실제로 성공보다는 실패 사례가 더 많다. 글로벌화 추진 과정에서 기업들이 직면하게 되는 주요 도전과제는 다음과 같다.

❶ 왜 글로벌인가? 목표와 전략을 명확히 하라

의외로 글로벌화를 주장하는 많은 기업들이 왜, 어디서, 어떻게, 언제 글로벌화할지에 대한 명확한 전략을 갖고 있지 않아 실패하곤 한다. 글로벌화를 추진하는 기업들은 다음과 같은 몇 가지 질문을 던져봐야 한다. 진출하려는 시장이 매력적인가, 새로운 사업을 구축할 것인가 아니면 기존 업체를 인수 할 것인가, 언제 어떻게 글로벌 전략을 실천에 옮길 것인가, 언제까지 임직원들의 역량을 글로벌 수준으로 키워야 하고 그를 위해 얼마만큼의 노력이 필요한가 등이다.

한발 더 나아가, 기업들은 R&D부터 판매까지 가치사슬(val-ue chain)의 어떤 부분을 어느 지역에서 특화시킬 것인지를 고민해야 한다. 예컨대 원가경쟁력이 중요하면 인건비 · 재료비 · 운송비 등이 싼 지역에, 기술 경쟁력이 중요하면 인재선발과 활용이 유리한 곳에 거점을 두는 식이다. 의류업체 리앤펑(Li&Fung)은 37개국 7500개의 협력기업 네트워크를 구축해 활용하고 있다. 방한복을 만들 때 직물 공급은 중국, 디자인은 홍콩, 지퍼는 대만, 재봉 작업은 방글라데시에서 이루어지는 식이다.

사례

❷ 항상 M&A에 준비된 자세 갖춰야

HSBC와 미탈스틸 등 글로벌 챔피언의 약 65%는 인수합병(M&A)을 통한 성장에 크게 의존하고 있다. 반면 한국 기업들은 글로벌 M&A에 소극적이다. 언제라도 M&A를 추진할 수 있는 철저한 준비가 돼 있지 않을 경우, 매물이 시장에 나온 뒤에야 다급하게 검토하게 되므로, 인수기회를 놓치거나 너무 비싼 가격을 지불하는 잘못을 저지르기 쉽다. 이를 해결하려면 먼저 M&A의 전략적 목적을 명확히 한 후 잠재적 인수대상 리스트를 작성해 관리해야 한다. 또 회사 내에 M&A 전담팀을 구성해 내부적으로 전문성을 쌓고, 외부에 신뢰할만한 투자은행(IB)과 컨설팅회사 같은 자문단을 확보해야 한다. 세계 1위 철강업체인 미탈스틸 회장의 회고록에는 그의 성공은 전 세계 지도를 놓고 손실을 내는 철강회사를 찾아 인수하고 흑자로 돌려놓는 노력에 있었다. 그는 끊임없이 다음 거래를 찾고 있다 는 평가가 실려있다.

❸ 외국의 법적 · 사회적 리스크를 고려하라

해외 M&A를 추진할 때는 노동법, 퇴직금 제도, 환경규제 등 그 나라만 독특하게 갖고 있는 위험요소를 고려해야 한다. 예컨대 미국의 경우, S&P500대 기업의 85%는 퇴직연금을 지급하기 위한 내부 유보금이 부족한 상태이며, 부족금액은 총 1500억 달러에 달한다. 이러한 사안들을 제대로 평가하지 않고 인수했다가는 큰 낭패를 겪게 된다. 기업들은 정치 · 여론 등 경영 외적인 변수를 과소평가하는 경향이 있다. 중국 국영 해양석유공사(CNOOC)는 미국의 에너지 회사인 유노칼(Unocal) 인수를 시도했다가 반대여론 때문에 실패했다. 중국의 유노칼 인수를 반대했던 측은 기간산업을 적성국(敵性國)에 매각하는 것은 국가안보를 위협하는 것이라며 반대여론을 조성했다. 중국은 대대적인 홍보캠페인을 벌였지만 효과를 보지 못했다.

❹ 자사의 브랜드와 기업이미지 구축에 투자하라

글로벌 기업으로 성장하겠다는 야망을 가진 회사는 브랜드 가치와 기업이미지를 구축하는 투자를 게을리해서는 안 된다. 기업 이미지는 해외 시장에서 빨리 성

사례

장하는 데 큰 장애물이 될 수도 있다. 급성장하는 중국이 이미지 관리에 실패한 대표적 국가다. 글로벌 브랜드 담당자들을 대상으로 Made in China 표시가 중국기업의 이미지에 도움이 되는가, 해가 되는가를 물어봤을 때 79%가 해가 된다고 답했다. 또 중국 제품을 봤을 때 떠오르는 5가지 단어는 싸다, 품질이 낮다, 가치가 낮다, 신뢰할 수 없다, 정교하지 않다 로 조사됐다.

❺ 글로벌 인재를 유치하고 충분한 책임과 권한을 부여하라

글로벌 경영을 주장하는 한국기업들이 가장 취약한 분야다. 선도적인 한국전자회사들은 매출액의 80%가 해외에서 발생하지만 외국 임원 비중은 평균 2~3%에 불과하다. 해외사업장의 주요 요직은 대부분 한국 본사에서 파견된 임직원들이 차지하고 있다. 이들은 다국적 문화에 대한 경험과 이해도가 낮을 뿐 아니라, 공식적인 보고체계를 무시하고 본사의 직속상사에게 비공식적으로 보고함으로써 현지 임직원들의 사기를 떨어뜨린다.

한국 기업들이 진정한 글로벌 기업으로 발돋움하고 싶다면 보다 적극적으로 외국인 경영진과 인재를 영입하고, 이들에게 적절한 책임과 권한을 부여해야 한다. 그러지 않으면 역량 있는 글로벌 인재의 유치는 더욱 어려워진다.

❻ 조직과 문화의 통합을 위해 최고경영진이 직접 나서라

마지막으로, 장기적인 관점에서 조직과 문화를 통합하는 노력이 필요하다.

기업이 세계화할수록 조직은 더욱 복잡해지고, 임직원들은 자신의 생각을 정확히 전달하는 데 어려움을 겪게 된다. 문화 · 언어 등의 차이로 여러 국적의 동료와 일할 때 쓸데없는 오해와 갈등이 발생하기도 한다. 따라서 최고경영진은 외국의 문화와 언어를 이해하고 국가 간 네트워크를 구축하는 데 적극적으로 나서야 한다. 해외 M&A를 추진할 때도 문화적 진단과 함께 인수 후 통합 계획을 세워야 한다.

진화론의 창시자인 찰스 다윈은 살아 남는 생물은 가장 강한 생물도, 가장 영리한 생물도 아니라 변화에 가장 잘 적응하는 생물이라고 말했다. 역동적인 글로벌 경제의 변화 속에서 살아남기 위해서는 그 어느 때보다 민첩한 적응력이 필요하다.

공동기획 I McKinsey & Company

자료 : 조선일보, 2007.10.17

2 글로벌화가 서비스 산업에 미치는 영향

1) 서비스의 글로벌화

서비스는 이전의 어려움으로 인해 얼마전 까지는 글로벌하게 제공하는 제약이 있었지만 최근에는 호텔관광서비스, 법률서비스, 정보통신서비스, 금융서비스, 교육서비스 등 글로벌화의 가속화로 인해 국경을 초월한 서비스의 글로벌화가 가속화되고 있다.

2) 글로벌화가 호텔산업에 미치는 영향

글로벌 경쟁환경하에서의 호텔의 특성을 잘 이해하고 있는 세계적인 대형호텔 체인들은 신속한 자원의 공유와 위험을 분산하여 경쟁우위를 확보하기 위하여 현지 파트너들과의 전략적 제휴(strategic alliances)를 활발하게 시도하고 있다. 또한, 글로벌화의 가속화와 국제관광산업의 촉진으로 인하여 유명한 브랜드를 보유한 세계적인 체인호텔들은 자사의 브랜드에 대한 글로벌화를 최대한 촉진시켜 같은 상품의 호텔네트워크를 통한 성과향상을 추구한다.

Hilton, Hyatt, Marriott 등과 같이 글로벌 네트워크를 형성하고 위탁경영(management contract)이나 프랜차이즈 형태로 운영되고 있는 호텔과 신라호텔, 롯데호텔 등과 같이 국내에서 독자적인 브랜드를 형성하고 있는 호텔들과는 여러 가지 관점에서 차이점이 있다. 세계적인 체인호텔들은 세계를 단일시장으로 인식하면서 세계 여러지역에서 서비스의 표준화를 유지함으로써 고객의 지속적인 신뢰를 유지하고 이러한 신뢰를 바탕으로 특화된 브랜드와 호텔기업으로서의 고유한 이미지를 유지하려고 한다(Kusluvan and Karamustafa, 2001; 구태회, 2007, p.13에서 참조하여 재인용). 즉, 글로벌전략적인 차원에서 전 세계를 동일시장으로 보고 표준화된 같은 상품을 제공하는 글로벌전략(global strategy)을 구사한다. 한편, 지역내에서 독자적인 브랜드를 보유한 독립호텔들은 글로벌전략을 구사하는 체인호텔들과 경쟁하기 위하여 현지화된 상품과 서비스를 특화시킨다.

즉, 글로벌 전략적인 관점에서 현지화전략(multidomestic strategy)을 구사한다. 물론, 글로벌 전략적인 관점에서 완전한 글로벌전략이나 현지화전략을 구사하는 다국적기업들은 존재하지 않고 모든 기업들이 글로벌전략적인 측면과 현지화전략적인 측면이 모두 포함되어 있지만 어느 부분에 초점을 맞추느냐에 따라 글로벌전략의 유형을 현지화전략(multidomestic strategy), 글로벌전략(global strategy), 초국적전략(transnational strategy) 등으로 분류할 수 있다.

자본집약적인 생산방식과 규모의 경제의 중요성 증대, 교통. 정보통신. 첨단기술 등 기술의 발전, 전 세계 소비자 취향의 동질화 경향, FTA(Free Trade Agreement)의 활성화 등으로 인한 세계무역장벽의 감소 등 으로 인하여 글로벌화가 더욱 촉진되고 있는 현실에서 호텔산업은 향후 그 전망이 매우 밝은 산업이라고 할 수 있다. 이러한 글로벌화의 촉진은 국가간의 경계를 약하게 하며 이로 인해 더욱 많은 사람들이 관광과 사업적인 목적으로 다른 국가의 방문이 빈번해지기 때문에 글로벌화와 더불어 호텔산업은 더욱 발전하게 된다. 따라서 글로벌화와 호텔산업은 매우 밀접한 관계를 가지고 있다고 할 수 있다.

세계적인 유명 브랜드를 보유한 호텔기업들은 크게 세 가지 전략으로 시장진입을 모색하였다(구태회, 2007, p41). 첫째, 동일브랜드 호텔 수를 늘림으로써 자국내에서 경쟁력을 강화시킨다. 둘째, 국내 및 국외에서 틈새시장을 충족시킬 다른 수준의 호텔브랜드를 지속적으로 개발한다. 셋째, 해외에 있는 신규시장을 개척하기 위해 호텔 브랜드마다 동일한 서비스 수준과 상품력을 구축한다. 혁신적인 호텔기업일수록 시기에 따라 이상의 세 가지 전략을 한 가지씩 번갈아 가면서, 또는 일괄적으로 그 모두를 다 적용하여 글로벌 시장으로 진입을 시도하고 있다.

제11장

소비자의 의사결정과 브랜드 전략

1. 소비자들의 브랜드 선택에 영향을 미치는 요인
2. 브랜드컨셉 포지셔닝
3. 서비스 산업의 브랜드 전략

제 11 장

소비자의 의사결정과 브랜드 전략

1 소비자들의 브랜드 선택에 영향을 미치는 요인

소비자들은 일상생활에서 브랜드 선택과 관련하여 수많은 의사결정을 해야 하는데, 예를 들어, 환대산업의 경우 소비자들은 어떠한 호텔에서 숙박을 해야 하는지, 어떠한 여행사의 상품을 구매해야 하는지, 어떠한 항공사를 선택해야 하는지 등 제품이나 서비스의 수많은 브랜드 중에서 한 가지 브랜드만을 선택해야하는 결정을 해야 한다. 이러한 소비자들의 선택은 소비자의 의사결정과정과 밀접한 관계를 가지고 있는데 기업의 입장에서는 6성급의 고급호텔을 선택한 소비자들은 가격보다는 고급호텔의 차별화된 서비스를 더 높게 평가해서 이러한 선택을 했는지, 혹은 저가 항공사를 택한 소비자들은 다른 요인보다 가격을 가장 우선 고려했기 때문에 그러한 선택을 했는지 등에 대한 분석이 필요하다.

이와 같이 기업의 브랜드 전략은 브랜드 선택을 위한 소비자의 의사결정과정의 이해로부터 시작하는데, 소비자들의 브랜드 선택에 관련된 의사결정과정에 많은 영향을 미치는 요인들로는 고려상표군(consideration set), 의사결정 프레임(decision frame), 시장구조(market structure), 맥락효과(context effects) 등을 들 수 있으며 각 요인들에 대한 설명은 다음과 같다(안광호 외, 2003, p.50).

1) 고려상표군

어떠한 제품군에 존재하는 모든 브랜드들은 그 제품군의 전체상표군(universal set)을 형성하며, 이러한 전체상표군 중에서 소비자가 들어보거나 사용한적이 있는 브랜드가 인지상표군(awareness set)을 형성한다. 호텔산업의 예를 들면, 모든 호텔브랜드들이 전체상표군에 포함되며, 소비자들이 사용한적이 있거나 들어본적이 있는 호텔들이 인지상표군에 포함된다고 할 수 있다.

따라서 인지상표군에 포함되지 못한 상품들은 소비자들의 의사결정과정에서 일단 제외된다고 할 수 있으며, 인지상표군 중에서 소비자의 기억구조상에는 존재하지만 소비자의 최종 구매시점에는 떠오르지 못한 비상기상표군(inert set)과 소비자의 머릿속에는 떠오르지만 부적합하다고 생각되어 의식적으로 고려상표군에서 제외되는 브랜드인 비관련상표군(inept set)을 제외한 브랜드들이 고려상표군(consideration set)을 형성하게 된다. 이렇게 형성된 고려상표군중에서 소비자가 가장 효용을 갖는 브랜드가 소비자의 의사결정과정에서 최종적으로 선택된다고 할 수 있다.

한 브랜드가 고려상표군에 속하기 위해서는 브랜드 현저성(brand salience)이 높아야 하는데, 브랜드 현저성이란 특정 브랜드가 특정 제품 속성에서 매우 두드러지게 인식되거나 이미지면에서 강력하고 호의적이며 독특한 특정 연상을 가지고 있어야 한다. 호텔산업의 경우 소비자들에게 고려상표군에 포함된 모든 브랜드들이 브랜드마다 다른 이미지와 특정 연상을 가지고 있다고 할 수 있는데, 호텔산업의 특성상 직원들의 서비스가 소비자들에게 특정 브랜드의 이미지와 연상에 중요한 영향을 미친다고 할 수 있다. 따라서 과거에 어떤 호텔에서 기대수준보다 높은 서비스를 제공받았거나 기대수준 보다 낮은 서비스를 제공받은 경험이 있는 소비자의 경우는 그 브랜드에 대한 연상에 있어서 긍정적이거나 부정적으로 작용하게 된다.

소비자의 구매의사결정과정을 고려상표군 형성과정과 최종선택과정으로 나누어서 살펴보면 고려상표군 형성과정에서는 브랜드의 현저성(brand salience)이 중요하며, 최종선택과정에서는 브랜드의 가치(brand value)가 중요하다. 따라서 고려상표군 전략에서는 소비자들이 특정 제품의 구매를 통하여 얻고자 하는 기능적, 상징적, 경험적인 혜택을 중심으로 브랜드 이미지를 형성하여 브랜드 현저성을 높일수 있도록 브랜드 전략을 수립해야 하며, 최종선택전략에서는 소비자들이 최종선택을 결정하는데 있어서 도움을 줄 수 있도록 브랜드 가치(brand value)를 확실히 인식시키는 것이 중요하기 때문에 가격대비 품질의 경쟁우위와 차별화되는 속성 등을 중심으로 브랜드 전략을 수립해야 한다.

2) 의사결정 프레임

의사결정프레임(decision frame)에서 중요한 점은 같은 제품이나 서비스임에도, 서비스의 특성 중 이질성과 같이 소비자들마다 특정 브랜드에 대한 평가기준이 다르다는 것이다. 소비자들의 의사결정 프레임의 기초가 되는 이론은 Kahneman and Tversky(1979)의 프로스펙트 이론인데, 소비자들은 어떤 대안을 평가할 때, 개인의 준거점을 중심으로 그 대안의 이익과 손실을 비교하여 상대적인 가치를 결정하는데 이것을 준거의존성(reference dependence)이라고 한다.

따라서 호텔을 이용하는 소비자들도 준거의존성에 기초하여 준거제품(reference product)으로 자리잡은 호텔과 비교하여 호텔을 선택하게 되는데, 프로스펙트 이론에 의하면 준거의존성과 손실회피성향을 포함하는 준거효과에서 손실은 같은 크기의 이익에 비하여 상대적으로 더 크게 지각되는 손실회피성향(loss aversion)에 의하여, 소비자가 준거제품으로 생각하고 있는 호텔과 다른 호텔을 비교했을 때, 다른 호텔의 단점은 더 크게 부각되어 인지하게 된다고 할 수 있다.

3) 시장구조

시장구조(market structure)는 유사하게 인식되는 브랜드들의 집합인 하부시장(sub market)들이 어떻게 구성되어 있는지를 보여주는 것을 의미하는데, 시장구조를 통해서 어떤 브랜드들이 직접적인 경쟁관계에 있는지를 파악할 수 있게 된다. 가장 일반적인 시장구조의 분류로는 프리미엄 브랜드, 일반 브랜드, 저가 브랜드로 구성되는 품질, 가격에 의한 계층적 시장구조가 있는데, 이러한 시장구조의 분류를 호텔산업에 적용시켜 보면, 6성급 이상 호텔의 초호화 브랜드, 특1급 호텔 브랜드, 특2급 호텔 브랜드, 특급이 아닌 호텔 브랜드 등으로 분류해서 적용할 수 있다고 하겠다.

4) 맥락효과

맥락효과(context effect)는 소비자의 고려상표군의 구성내용이 바뀜에 따라 소비자의 선택이 영향을 받는 것을 의미하는데, 맥락효과는 크게 두 가지로 나누어 볼 수 있는데 먼저, 기존의 고려상표군에 새로운 대안이 추가됨에 따라 소비자의 선택이 영향을 받는 경우인 선호전이(preference shift)와 구매목적과 구매상황 등과 같은 상황적인 요인에 의해 고려상표군 자체가 새롭게 구성되는 경우에 소비자의 선택이 기존의 선호체계와는 다른 새로운 선호체계로 만들어지는 경우인 다중선호체계(multiple preference structure)로 나눌 수 있다.

또한 선호전이와 다중선호체계를 합하여 선호변곡현상(preference inflection phenomenon)이라고 한다. 선호전이에 의해 맥락효과가 발생하는 예로는 대체효과(substitution effects), 유인효과(attraction effects) 등이 있으며, 다중선호체계에 의한 맥락효과가 발생하는 예로는 trade-off 대조효과(trade-off contrast effects)가 있다.

대체효과는 고려상표군내의 기존 대안이 개선되거나 새로운 제품 속성을 추가한 경우 소비자의 선호체계가 개선된 제품쪽으로 기울어지는 경향을 의미한다. 유인효과는 고려상표군내에서 새로운 대안이 들어옴에 따라 기존의 선호체계가 변하는 것을 의미한다. 다중선호체계에 의한 맥락효과가 발생하는 예인 trade-off 대조효과란 고려상표군 자체가 전혀 새롭게 형성되는 과정에서 소비자들이 복수의 선호체계를 학습하여 가는 것을 의미한다.

사례

글로벌 외식 브랜드가 분석한 한국시장

커피 전문점 브랜드 스타벅스코리아는 지난해 10월 각 매장에 급속 조리오븐기를 설치했다. 3면 입체가열 기능을 갖춰 매장에서 40초내에 음식류를 조리할 수 있는 기기다. 동양매직과 1년여 동안 공동연구한 끝에 개발했다. 스타벅스는 미국에 본사를 둔 글로벌 브랜드지만 이기기를 쓰는 곳은 한국뿐이다.

스타벅스 코리아가 조리기구를 독자개발한 것은 한국 소비자의 까다로운 입맛에 맞추기 위해서다. 스타벅스의 미국 매장에선 상온 보관이 가능한 베이커리류 제품을 주로판매한다. 하지만 한국에서는 반가공된 빵과 샌드위치, 머핀 등 음식 종류가 미국보다 20-30가지 많다. 이 회사의 관계자는 "국내 고객들은 샌드위치의 경우 겉의 빵은 갓구운것 처럼 바삭하고 안의 채소는 신선해야 좋아한다"며 "조리오븐기에 음식별로 적합한 조리법 160가지를 입력해 놓았다"고 소개했다. 지난해 11월 방한한 아시아. 태평양지역 사장은 "한국 고객의 수준이 높아 여기서 검증을 받으면 다른 아시아 국가로 진출해도 괜찮다"며 "앞으로 아태지역에 출시하는 음료 등 신제품은 한국 시장을 테스트 마켓으로 삼겠다"고 말했다.

글로벌 외식 브랜드는 전 세계에 매장을 갖고 있다. 하지만 본사가 위치한 미국 매장과 한국 매장에는 다른점이 많다. 한국 소비자의 독특한 특징이 있기 때문이다. 이런 브랜드가 한국에서만 펼치는 활동을 살펴보면, 한국시장이 전 세계 신제품의 테스트 마켓으로 떠오르는 이유를 알 수 있다.

미국에 본사를 둔 도미노피자는 2000년대 초반까지만 해도 매년 두 개 정도 신제품을 출시했다. 하지만 요즘은 3개월마다 신제품을 내놓는다. 한국 고객들이 새로운 제품을 먼저 맛보고 평가한뒤 다른 사람에게 입소문을 내는 "얼리어답터"형이기 때문이다. 도미노피자 관계자는 "소비자 조사를 해보면 요즘 국내 고객들은 맛뿐 아니라 식재료의 트렌드까지 신경쓰면서 어떤 요리에 무슨 재료가 어떤 요리법으로 들어갔는지 살핀다"며 "요리 관련 블로그나 카페가 한 포털사이트에 몇 만개나 있을 정도다"라고 말했다. 이 회사에서 신제품을 출시하면 2개월 동안 해당제품이 전체 매출에서 차지하는 비중이 30%에 달한다. 하지만 3개월째로 접어들면 20%대로 떨어지면서 또 다른 제품 출시를 기대하는 경향이 나타난다고

사례

한다.

패밀리 레스토랑도 비슷한 추세다. 미국 브랜드인 베니건스는 한해 한두차례 새 메뉴를 내놓다가 2007년부터는 아예 "셰프가 요리하는 레스토랑 베니건스"로 컨셉을 바꿨다. 국내 소비자의 빠른 선호도 변화에 부응하기 위해서다. 지난해에만 콤보 메뉴 4종과 어린이 메뉴 3종, 파스타 4종을 출시했다.

한국인의 입맛을 사로잡기는 웬만해서는 힘들다. 그래서 피자에 들어가는 재료 수는 점점 다양해지고 있다. 도미노피자의 경우 미국에선 토핑과 소스 종류가 23가지인데, 한국에선 42가지나 된다. 최근 2-3년간 출시된 피자에는 페퍼로니, 새우, 오징어, 닭가슴살, 불고기, 스테이크, 마늘 등 갖가지 토핑이 평균 12-13가지 올라간다. 미국에선 지금도 많아야 서너가지라고 한다.

미국 아이스크림 브랜드인 콜드스톤은 한국에 들어온 2006년에 본사 매장에서 팔리는 제품을 그대로 들여왔다. 초콜릿이나 캐러멜, 휘핑크림, 치즈 등을 놓어 매우 달고 진한 맛이었다. 하지만 웰빙 바람이 한창이던 국내 시장에서 빛을 보지 못했다. 2007년 한국콜드스톤은 요거트와 체리 아이스크림을 독자개발했다. 요즘 이 브랜드에서 매출 1위는 요거트 아이스크림이다. 석류 아이스크림도 출시했는데, 고객의 소리 게시판에 여성들 사이에 인기 있는 석류 제품 아이스크림을 개발해달라는 글이 올라온데 착안한 것이었다. 콜드스톤의 전 세계 1500여개 매장 가운데 가장 많은 레시피와 이색 메뉴를 갖춘 곳은 미국 본사가 아닌 한국지사다. 한국콜드스톤 관계자는 100% 찹쌀가루로 만든 전병속에 아이스크림을 넣은 아니스 모나카를 한국지사가 개발했는데 역으로 중국과 대만콜드스톤에 수출되고 있다고 했다.

한국사람들은 국내산 농산물을 특히 선호하기 때문에 글로벌 브랜드들은 이런 제품 출시에 열을 올린다. 스타벅스코리아는 지난해 4월 친환경 경기미와 자색고구마, 단호박 등 우리 농산물로 만든 라이스칩을 출시했다. 출시 한 달 만에 2만개가 넘게 팔렸다. 이회사는 불고기, 오곡 등 한국적인 맛을 반영한 제품출시를 준비중이다.

미국 동부를 중심으로 600여개 매장을 가진 스무디킹은 2003년에 국내에 들어

사례

와 명동에 1호점을 냈다. 미국에서처럼 테이크아웃 형태였다. 그런데 매장을 찾은 고객들이 앉아서 얘기할만한 장소가 없자 음료를 내놓기 위해 만들어 놓은 테이블에 앉으려는 현상이 벌어졌다. 한국스무디킹 대표는 미국에서는 펍이나 레스토랑과는 달리 카페에서는 책이나 신문을 읽으며 혼자 시간을 보내는데, 한국 고객들은 식사 후 본격적인 대화를 나누려고 카페를 찾는다며 앉아서 얘기하기를 즐긴다고 말했다. 그래서 좌석이 10개 미만의 테이크아웃 형태가 대다수인 미국과 달리 한국에서는 미국보다 넓은 크기의 카페형으로 운영중이다. 오래 매장에 머물다 보니 음료외에 오트밀빵이나 쿠키 등 사이드 메뉴도 필요했다. 미국 스무디킹매장에서는 이런 음식을 팔지 않는다.

자료 : 중앙일보, 2010년 1월7일

2 브랜드컨셉 포지셔닝

브랜드컨셉 포지셔닝이란 표적고객의 마음속에 경쟁기업의 제품들과 비교하여 자사제품이 차지하는 차별적 우위를 의미한다. 브랜드컨셉을 도출하기 위해서는 먼저, 자사가 시장에 처해있는 상황을 전략적으로 분석하고 이러한 상황의 분석을 토대로 브랜드컨셉을의 큰 흐름을 파악해야 한다. 그 후 표적시장을 선정하고, 표적시장고객을 대상으로 고객의 욕구, 경쟁제품과의 차별성, 자사의 기존 브랜드포트폴리오와의 관계를 고려하여 새로운 브랜드 프로파일을 구체화하는 과정이 필요하다. 마지막단계에서는 새로운 브랜드 컨셉의 이미지를 경쟁사 제품들과 대비하여 분명하게 소비자의 마음속에 인식시킬 수 있는 브랜드포지셔닝을 확정하는 것이다(안광호외, 2003, p.85).

1) 전략적 상황분석

브랜드전략을 수립하기 위해서는 자사의 브랜드가 속해 있는 시장과 환경에 대한 정확한 이해가 필요하다. 시장과 환경에 대한 이해가 충분하지 않으면 경쟁기업이 누구인지, 자사가 목표로 하고 있는 고객이 누구인지를 파악하는 것이 불가능하기 때문에 적합한 브랜드컨셉의 개발을 하는 것이 힘들어진다. 이와 같이 전략을 도출하기 위해 시장상황을 정확히 이해하고 분석하는 과정을 전략적 상황분석이라고 하며, 전략적 상황분석은 시장분석, 소비자 분석, 경쟁사 및 자사분석으로 나눌 수 있다.

(1) 시장분석

시장분석에서 가장 중요한 점은 시장의 트렌드를 정확히 분석하는 것이라고 할 수 있다. 시장의 트렌드는 정치, 경제, 사회, 문화, 기술 등 시장을 이루는 다양한 기본요소들이 어떻게 변화하고 있으며, 이러한 요소들의 변화에 따라 소비자들의 가치와 욕구에 어떠한 변화가 있는지 탐색함으로써 파악될 수 있다. 이러한 소비자들의 가치와 욕구는 소비자들의 생활양식을 변화시켜 특정 시장의 규모를 증가시키기도 하고 시장성장률을 변화시키기도 한다.

특히, 최근에는 정보통신기술의 급속한 변화와 발전이 여러 산업에 많은 영향을 미치고 있으며, 호텔, 여행업, 항공사등의 시장에서도 많은 변화가 일어나고 있다. 이전에 비해 호텔, 여행업, 항공사 등의 시장에서 인터넷을 통한 예약시스템의 비중이 빠른 속도로 증가하고 있으며, 이러한 시장환경의 변화는 기업들에게 새로운 개념의 서비스와 서비스 품질관리를 요구하고 있다. 또한, 호텔산업의 경우에도 소비자들의 욕구가 다양화되면서 기존의 특급호텔 상품을 구매하는 소비자들이 기존의 상품보다 더 고급화되고 차별화된 상품에 대한 욕구가 증대되면서 이전에 비해 조금 더 고급스러운 럭셔리 컨셉의 호텔들이 생겨나고 있다.

(2) 소비자분석

소비자 분석에서는 소비자의 욕구분석을 중심으로 고객의 니즈를 어떻게 분석할 것인가의 틀을 개발하고 이러한 틀이 자사의 마케팅전략과 어떻게 연관되어 있는지를 분석하게 된다. 먼저, 기업은 자사의 고객들에게 무엇을 제공할 것인가를 이해해야 하는데 이를 위해서 욕구분석이 필요하다고 할 수 있다. 즉, 소비자들이 어떠한 욕구를 가지고 있으며 이러한 욕구들이 어떻게 변화하고 있는지를 파악해야 한다.

소비자의 욕구를 파악하는 것은 그 소비자의 구매동기를 알 수 있으며, 이에 따라 적절한 제품이나 서비스를 제공하거나 전략의 방향을 제시할 수 있기 때문에 매우 중요한 부분이라고 할 수 있다. 소비자들의 욕구는 크게 현재의 욕구와 잠재된 욕구로 나눌 수 있는데 현재의 욕구는 충족된 욕구와 충족되지 않은 욕구를 나타내며, 잠재된 욕구는 소비자의 욕구들이 전반적으로 어떻게 변화되어 나가는가를 나타낸다. 현재의 욕구를 정확하게 분석하면 제품이나 서비스의 새로운 개선사항들의 기준이 성립된다. 뿐만 아니라, 소비자들의 욕구가 변화하거나 확대되는 방향을 이해하게 되면 소비자들의 잠재된 욕구에 대한 명확성이 높아져서 제품이나 서비스에 대한 발전방향을 제시할 수 있다. 이러한 소비자들의 욕구와 관련된 부분인 소비자들어 어떠한 제품이나 서비스를 사용하는 목적인 Why, 사용시기인 When, 사용장소인

Where, 사용과정인 How이다. 호텔서비스를 구매하는 소비자들의 욕구를 예를 들어보면, 소비자들은 왜 호텔을 이용하는지, 언제 호텔을 이용하는지, 어느 호텔을 이용하는지, 호텔을 이용하는 과정은 어떠한지 등을 파악하게 되면 호텔을 이용하는 소비자들의 욕구를 더 자세하게 파악하는데 도움이 될 수 있다.

(3) 경쟁사 및 자사분석

경쟁기업과 자사를 분석하는데 있어서 가장 먼저 선행되어야 하는 과정은 어떤 기업을 자사의 경쟁브랜드로 선정해야 하는 일이다. 이러한 과정에서 유용하게 사용되는 것이 경쟁적 준거 프레임(competitive reference frame)인데, 경쟁적 준거 프레임이란 준거점을 어떻게 설정하느냐에 따라 경쟁의 범위가 달라짐을 의미한다. 예를 들어 패밀리 레스토랑의 경우 다른 경쟁브랜드만을 경쟁브랜드로 좁게 설정할 수도 있지만, 한식, 중식, 일식, 햄버거 브랜드 등 음식과 관련된 모든 브랜드들을 경쟁브랜드로 넓게 설정할 수도 있다. 이러한 경쟁의 범위를 결정하는데 많은 영향을 미치는 것이 소비자들의 가치라고 할 수 있는데, 기능적인 가치만을 중심으로 경쟁의 범위를 설정하면 좁은 범위의 경쟁기업들이 있고 상징적이거나 경험적인 측면까지 고려하여 경쟁범위를 정하게 되면 보다 넓은 경쟁기업들이 있을 수 있다. 호텔산업의 경우 숙박의 기능만을 고려하면, 호텔이 아닌 다른 여러 숙박업을 운영하는 업체들이 경쟁자가 되지만, 숙박뿐만 아니라 호텔만의 고유한 기능을 포함하면 호텔의 고유한 특성을 가진 경쟁기업을 찾아보기 힘들기 때문에 다른 호텔들이 경쟁자가 된다고 할 수 있다.

이렇게 기업들이 경쟁브랜드를 인식하게 되면 기업들은 자사의 브랜드와 경쟁기업의 브랜드를 비교하여, 자사 브랜드의 강점과 약점 뿐만 아니라 경쟁브랜드의 강점과 약점을 분석하여 이에 대한 전략을 수립해야 한다.

2) 표적시장의 선정

표적시장(target market)의 선정이란 시장세분화를 기초로 각 세분시장들 중에서 자사에게 가장 매력적인 세분시장을 선정하는 과정을 의미하며, 표적시장을 선정하는 방법은 비차별화전략, 집중화전략, 차별화전략 등으로 나눌 수 있다. 비차별화전략은 여러 개의 세분시장에서 몇 개의 세분시장을 선택하여 하나로 묶어서 동시에마케팅하는 것을 의미한다. 집중화전략이란 여러 개의 다양한 세분시장 중에서 하나의 세분시장에만 초점을 맞추고 마케팅하는 전략을 의미하는데, 집중화전략은 자사의 마케팅 자원이 경쟁사에 비해 상대적으로 열위에 있을 때 한정된 마케팅자원을 효율적으로 사용하여 경쟁우위의 역량을 갖추고자 할 때 유용한 전략이라고 할 수 있다. 차별화전략은 각 세분시장마다 차별화된 마케팅전략을 구사하는 것을 의미한다.

3) 내부 · 외부적 브랜드 프로파일 분석

브랜드컨셉의 개발이란 어떤 브랜드에 대해 표적고객의 입장에서 차별화되고 가치있게 여겨지는 이미지를 파악해 나가는 과정을 의미하는데, 브랜드컨셉은 소비자들의 입장에서 볼 때, 호의적으로 평가되고, 독특하며, 강력한 연상들로 구성되어야 한다. 이를 위해 먼저, 외부프로파일 분석이 필요한데, 적합한 브랜드컨셉의 도출을 위해서는 표적시장내의 경쟁브랜드들과의 차별성에 관한 분석이 매우 중요하다고 할 수 있다. 이러한 분석을 위해서는 먼저, 어떠한 기업이 자사의 경쟁기업인가에 대한 정의가 필요하고 그 후 자사의 브랜드가 경쟁브랜드와 어떠한 점에서 차별화되어야 하는지와 어떠한 점이 유사해야 하는지에 대한 분석이 필요하다. 여기서 중요한점은 브랜드컨셉의 개발을 위해서는 경쟁브랜드와의 차별점 뿐만 아니라 필요한 경우에 유사점도 함께 파악되어야 한다. 이렇게 경쟁브랜드와의 유사점을 분석하는 것이 중요한 이유는 소비자들의 브랜드 선택은 항상 특정 브랜드의 독특성에 의해서만 결정되는 것이 아니라 그 브랜드가 기본적으로 갖추어야 할 일반적이고 공통적인 특성에 의해서도 크게 영향을 받기 때문이다.

또한, 브랜드컨셉의 개발을 위해서는 위에서 언급된 외부적인 요인이외에도 기업의 내부적인 브랜드체계를 고려한 해당 브랜드의 역할에 대한 분석도 이루어져야 한다. 이러한 과정에서 중요한 것은 자사의 기존 브랜드와 새로운 브랜드를 어떻게 차별화 시킬 것인가에 관한 문제와 어떤 컨셉에서 기존 브랜드들과 서로 공유해야하는가에 관한 부분이다. 이러한 부분에 관한 의사결정에 있어서 기업들은 자사의 기존 브랜드들에 대한 소비자들의 평가, 기존브랜드와 새로운 브랜드들간에 소비자들이 지각하는 유사성 여부, 각 브랜드의 표적고객들의 중복성 정도 등을 고려해야 한다.

4) 브랜드컨셉 포지셔닝

브랜드컨셉 포지셔닝이란 해당 브랜드의 이미지를 경쟁제품과 관련시켜 소비자의 마음속에 위치화시키는 것을 의미하는데, 성공적인 브랜드컨셉의 포지셔닝을 위해서는 위에서 언급된 여러 과정을 통해서 자사 브랜드의 호감도를 높이고, 다른 브랜드와의 차별성을 부각시켜야 한다. 이를 위해서는 소비자들이 브랜드 선택을 하는데 있어서 중요하게 생각하는 욕구나 제품이나 서비스에 대한 편익이 무엇인지를 파악하는 것이 매우 중요한 부분이라고 할 수 있다.

3 서비스 산업의 브랜드 전략

브랜드(brand)란 특정 판매업자의 제품이나 서비스를 다른 판매업자들로부터 식별하고 차별화시키기 위해서 사용되는 명칭, 말, 상징, 기호, 디자인, 로고와 이들의 결합체라고 할 수 있다. 최근들어 이러한 브랜드의 중요성은 더욱 증가하고 있으며, 특히, 서비스산업에 있어서는 제조업과 달리 소비자들에게 제공되는 제품인 서비스가 핵심역량을 보유하기가 어려운 상황이기 때문에 브랜드의 중요성은 더욱 크다고 할 수 있다.

1) 브랜드의 전략적 중요성

(1) 브랜드자산의 의미와 중요성

브랜드자산(brand equity)이란 브랜드의 이름 및 상징과 관련하여 형성된 자산의 총액에서 부채를 뺀 것으로서 브랜드자산이 높다는 것은 그 브랜드를 부착한 것이 그렇지 않은 경우에 비해서 기업과 고객에게 제품의 가치를 증가시키는 경우를 의미한다. 브랜드자산은 고객 및 기업의 관점에서 정의될 수 있는데, 브랜드자산을 어떤 제품이나 서비스가 브랜드를 가졌기 때문에 발생된 높은 브랜드충성도나 시장점유율, 수익과 같은 바람직한 마케팅

효과라고 할 수 있으며, 브랜드자산은 소비자의 브랜드충성도에 의해 창출되며, 이는 고객의 높은 브랜드인지도와 강력하고 호의적인 브랜드이미지로부터 형성된다고 할 수 있다(Keller, 1993).

이렇게, 기업들이 경쟁우위를 창출하기 위해서 필요한 부분인 브랜드자산을 구축하는데 있어서 예전에 비해서 어려운 점 들이 생겨나고 있는데 첫째, 기업들이 단기적인 성과를 높이기 위해 판매촉진활동을 더 강화함에 따라 브랜드 자산이 예전에 비해 약화되었다고 할 수 있다. 이는 광고의 주된 목적이 높은 브랜드인지도와 호의적인 브랜드태도의 형성을 토대로 브랜드자산을 구축하는데 있는 반면 판매촉진은 중간상과 소비자의 구매행동을 자극하여 단기적으로 판매를 증대시키는데 있기 때문이라고 할 수 있다.

기업들이 브랜드자산을 구축하는데 겪게되는 두 번째 어려움은 시장세분화의 가속화와 다양한 매체유형의 등장으로 일관성 있는 마케팅커뮤니케이션의 유지가 어렵다는 것을 들 수 있다. 예전에는 매체가 TV, 라디오, 신문 등으로 국한되어 있었고 대량마케팅을 주로하였지만, 지금은 인터넷을 비롯해서 매체가 매우 다양해 졌을 뿐만 아니라 매체마다 서로 다른 브랜드이미지를 심어주는 등의 문제로 인해서 기업의 브랜드자산 구축에 어려움을 겪고 있다고 할 수 있다. 또한, 단기적인 경영성과에 대한 압력은 장기적인 관점에서 브랜드 자산의 가치를 위한 노력을 어렵게 하 이유라고 할 수 있다.

(2) 호텔 기업의 브랜드 전략

세계적인 체인호텔인 하얏트(Hyatt) 그룹은 Park Hyatt, Andaz, Grand Hyatt, Hyatt Regency, Hyatt Place, Hyatt Summerfield Suites, Hyatt Resorts, Hyatt Vacation Club 등의 브랜드를 보유하고 있다.

Hyatt 그룹과 마찬가지로 세계적인 체인 호텔인을 보유하고 있는 Marriott Corporation도 JW Marriott, Residence Inn, Courtyard, Fairfield Inn 등의 브랜드를 보유하고 있다. 이렇게 기업들이 한 가지 브랜드가 아닌 복수 브랜드 전략을 구사하는 이유는 시장을 세분화하고 경쟁기업들에 대한 전략적 대응(strategic interaction)을 하기 위해서라고 할 수 있다.

위에서 살펴본 호텔기업들이 보유하고 있는 여러 브랜드들의 예와 같이, 한 기업이 여러 브랜드들을 보유할 때, 자사의 다른 브랜드들과 적절히 차별화되지 않으면 자사 브랜드들간에 시장잠식이 일어날 수 있으며, 기존 브랜드의 포지셔닝에 부정적인 영향을 주거나 강력한 브랜드이미지의 구축을 하는데 있어서 어려움을 겪을 수 있다. 또한, 자사의 브랜드체계에서 해당 브랜드가 차지하는 비중이나 역할 등이 명확하게 설정되어야 기업수준에서 추구하는 마케팅 목표와 브랜드 수준의 마케팅 목표가 일치되어 일관된 브랜드 컨셉의 개발이 가능해진다. 위에서 호텔산업의 예를 들어보면, Hyatt Corporation의 6성급 호텔 브랜드인 Park Hyatt와 5성급 브랜드인 Grand Hyatt가 서로 같은 세분시장에서 시장을 잠식하거나 표적시장이 중복되게 되면 기업 전체의 입장에서 보면 상당한 손실이 발생할 수 있기 때문에 기업수준에서 각각의 브랜드에 적합한 포지셔닝이 필요하다고 할 수 있다. Marriot Corporation의 예에서도 마찬가지로 JWMarriott, Residence Inn, Fairfield Inn의 여러 브랜드가 각각의 브랜드에 대해서 서로 시장을 잠식하고 있지 않은지 분석하고, 각각의 브랜드가 기업전체에서 차지하는 비중이나 역할에 맞게 포지셔닝하는 것이 필요하다.

2) 브랜드 전략

기업의 제품전략과 브랜드 전략의 특성을 분석해 볼 수 있는 유용한 도구 중의 하나로 브랜드-제품 매트릭스가 있다. 브랜드-제품 매트릭스는 기업이 판매하는 모든 브랜드와 제품을 도표화시킨 것인데 매트릭스상에서 매트릭스의 행은 그 기업이 보유하고 있는 브랜드들로, 열은 그 기업이 생산하는 제품들로 이루어진다. 매트릭스상의 행은 한기업이 보유한 각 브랜드로 팔리는 제품들의 숫자와 유형을 보여주는 것으로 브랜드-제품간의 관계를 나타내주며, 이와 관련된 주요한 의사결정사항은 브랜드확장전략이다. 한편, 매트릭스상의 열은 각 제품군에서 그 기업이 보유한 브랜드의 숫자와 특성을 표현하는 제품-브랜드 관계를 의미하며, 이와 관련된 중요한 의사결정사항은 브랜드포트폴리오전략이다.

그림 11-1 브랜드-제품 매트릭스

	제품군 1	제품군 2	제품군 3
브랜드 A			
브랜드 B			
브랜드 C			

(1) 브랜드 확장 전략

브랜드전략의 폭을 결정한다는 것은 그 기업이 보유한 브랜드에 얼마나 많이, 어떠한 제품을 연결킬 것인가를 결정하는 것인데, 이렇게 브랜드전략의 폭에 대한 결정과 관련된 의사결정사항을 브랜드확장전략이라고 한다. 브랜드확장전략을 위해서는 어떤 제품시장으로 사업영역을 확장할 것인가를 결정해야 하며 다음에는 그 시장에서 내놓은 자사의 신제품을 자사의 어떤 기존 브랜드와 어떻게 연결시킬 것인가 하는 것을 결정해야 한다.

먼저, 진입시장을 선택할 때에는 전체적인 기준으로 볼 때, 규모가 크고, 성장속도가 빠르며, 제품수명주기상 성장기에 해당하고, 매출의 계절적 혹은 주기적 변동가능성이 적고, 수익률이 높은 시장이 매력도가 높은 시장이라고 할 수 있다. 시장의 구조적인 기준으로 평가할 때에는 신규사업진출자의 진입시장장벽이 높고, 소비자의 협상력의 비중이 낮고, 경쟁강도가 낮은 경우를 매력적인 시장이라고 할 수 있다. 한편, 신제품과 기존 브랜드와의 연결과 관련된 전략에 있어서는 선택된 제품시장에 기존의 브랜드를 사용할 것인지, 기업내의 어떤 브랜드를 사용할 것인지, 어떤 형태로 기존의 브랜드를 사용할 것인지 하는 것들을 결정해야 하는데 이것이 바로 브랜드확장과 관련된 전략적 의사결정을 의미한다.

(2) 브랜드 포트폴리오 전략

브랜드전략의 깊이에 대한 결정은 기업이 공략하는 제품군내에서 얼마나 많은 숫자의 어떤 특성의 브랜드를 내놓아야 하는가에 대한 의사결정이라고 할 수 있다. 한 제품군내에서 하나 이상의 브랜드를 사용하는 중요한 이유는 기업의 시장전략이 복수시장을 공략하는 시장차별화전략인 경우에 하나 이상의 브랜드가 필요하다고 할 수 있다. 또한, 복수브랜드전략의 또 다른 형태로 기존 브랜드의 여러 가지 변형을 이용하여 다른 세분시장들에 적용하려는 경우도 있는데, 예를 들어 호텔기업인 Holiday Inn은 전체 호텔체인을 고객의 편익에 근거하여 고품격의 Crown Plaza, 전통적인 Holiday Inn, 저렴한 Holiday Inn Express, 비즈니스 중심의 Holiday Inn Select와 Holiday Inn Suites and Rooms의 다섯 가지 체인으로 분류하였다.

한편, 최적의 브랜드 포트폴리오를 설계하기 위해서는 얼마나 많은 세분시장들을 공략해야 하는가 뿐만 아니라 이에 따른 비용과 이익의 비교분석이 반드시 이루어져야 한다. 즉, 한 브랜드는 다른 브랜드와 명확히 차별되어야 하며, 마케팅과 다른 비용을 충당할 수 있을 정도로 규모가 큰 세분시장에 소구될 수 있어야 한다. 또한, 기업이 한 제품군 내에서 복수의 브랜드들을 보유하게 되는 또 다른 이유는 동일시장내에서의 브랜드들간의 역할을 분담하기 위해서라고 할 수 있다. 예를 들어, 기업의 주력 브랜드(flagship brand)가 있고, 이를 보호하기 위한 방패 브랜드(flnaker brand)가 있고, 대상고객층을 늘리기 위한 염가기본형 브랜드(low-end brand), 전체 브랜드라인의 가치를 제고시키기 위한 최고급형 브랜드(high-end brnad), 시장점유율은 높으나 더 이상의 성장이 기대되지 않아 비용절감을 통한 이윤증대를 도모하는 돈줄 브랜드(cash cow brand)등 여러 가지 역할의 브랜드들이 있으며, 위에서 언급된 브랜드의 차별화된 역할은 다음과 같다(안광호 외, 2003, p.157).

(3) 차별화된 브랜드의 역할

❶ 기존 브랜드가 충족시키지 못하는 특정 세분시장의 고객을 유인할 수 있다.

❷ 주력(flagship) 브랜드들을 보호하기 위한 방패(flanker)브랜드로서의 역할을 수행할 수 있다.

❸ 이윤 증대를 도모하기 위한 돈줄(cash cow)브랜드로서의 역할을 수행할 수 있다.

❹ 대상 고객층을 늘리기 위한 염가 기본형(low-end level)브랜드로서의 역할을 수행할 수 있다.

❺ 전체 브랜드 포트폴리오의 이미지와 신뢰성을 제고시키기 위한 최고급형(high-end prestige)브랜드로서의 역할을 수행할 수 있다.

❻ 진열면적 확보와 소매점의 자사 의존도를 증가시키는 역할을 수행할 수 있다.

❼ 다양성을 추구하는 소비자들을 자사 제품에 계속해서 묶어두는 역할을 수행할 수 있다.

❽ 기업 내에서의 브랜드 간 내부경쟁을 증가시키는 역할을 수행할 수 있다.

❾ 광고, 판매, 제품, 유통에 있어 규모의 경제를 달성하는 역할을 수행할 수 있다.

(4) 브랜드 계층 구조와 브랜드 관리 전략

브랜드 계층구조(brand hierarchy)란 한 기업이 판매하는 여러 제품들에 적용되는 브랜드명 유형들간의 서열을 보여주는 것으로 기업의 브랜드 전략의 구축에 있어 매우 유용한 수단이라고 할 수 있는데 Farquhar and Herr는 브랜드 계층구조를 기업브랜드(corporate brand), 공동브랜드(family brand), 개별브랜드(individual brnad), 브랜드 수식어(brand modifier)의 4가지 단계로 구분하였다. 기업브랜드는 가장 높은 차원에서 기업 수준에서의 브랜드를 의미하고, 공동브랜드는 기업브랜드가 아니면서 하나 이상의 제품범주들에 사용되는 브랜드로 정의할 수 있다. 개별브랜드는 일반적으로 하나의 제품범주에 국한되어 사용되는 브랜드로 정의할 수 있으며, 브랜드 수식어는 제품의 성분이나 속성을 나타내기 위해서 사용된다.

가) 기업브랜드 수준에서의 브랜드 관리 전략

기업 브랜드 구축의 핵심적인 내용은 기업이미지의 형성이라고 할 수 있는데, 기업의 이미지란 어떤 제품이나 서비스를 생산하는 기업에 대해 소비자들이 가지고 있는 총체적인 연상이라고 할 수 있다. 특히 현재의 브랜드 전략에 있어서 기업 브랜드가 두드러진 역할을 하고 있다면 이러한 기업 이미지는 주의 깊게 관리되어야 한다. 기업의 이미지는 기업이 판매하는 제품이나 서비스, 기업이 수행하는 활동, 기업의 소비자들과의 커뮤니케이션 방식 등과 같이 여러 가지 요인에 의해서 결정되며 Barich and Kotler(1991)는 기업이미지에 영향을 미치는 11가지 요소를 제시하였으며 그 내용은 아래와 같다.

❶ 기업이 생산, 판매하는 제품이 특성 : 제품군, 품질수준, 내구성, 스타일 등

❷ 커뮤니케이션 활동 : 광고, 홍보, 판매촉진, 텔레마케팅 등

❸ 가격정책 : 경쟁제품과의 상대적 가격수준, 가격할인정책 등

❹ 유통망 : 점포이미지, 입지, 점포내 서비스 등

❺ 판매원들의 특성 : 판매원들의 역량, 서비스 정도, 친절도, 신뢰도, 전문성 등

❻ 제품관련 서비스 : 부품구입 용이성, 제품설치관련 서비스, 수리시간, 반품수용동 등

⑦ 고객지원정도 : 고객교육, 제품지침서의 질, 고객 상담 등

⑧ 기업경영의 내용 : 기업명성, 혁신성, 재무적인 안정성, 경영의 질 등

⑨ 기업의 사회적 활동 : 환경보호, 소비자들의 생활의 질 높이기, 지역사회에의 참여도 등

⑩ 기업의 사회적 공헌도 : 자선사업 활동, 산학연계활동의 정도 등

⑪ 종업원들의 특성 : 급여수준, 응집력, 자사에의 충성도 등

또한, 기업브랜드는 소비자들에게 특정 제품이나 서비스 범주에 국한되어 사용되는 개별브랜드와는 전혀 다른 연상을 불러일으킬 수 있는데, 예를 들어, 기업브랜드는 여러 소속제품이나 서비스들의 공통된 속성, 기업. 종업원. 고객과의 관계, 기업의 신뢰도 등에서 비롯된 여러 다양한 연상들을 불러일으킬 수 있다고 할 수 있다.

나) 공동브랜드 수준에서의 브랜드 관리 전략

기업브랜드와 마찬가지로 공동브랜드는 일반적으로 여러 제품 범주에 걸쳐 공통적으로 사용되는 브랜드인데, 기업브랜드와의 차이점은 공동브랜드에서는 기업과 관련된 연상이 두드러지게 나타나지 않는다는 점인데, 이는 기업브랜드와 공동브랜드가 분명하게 차별화되어 있기 때문이라고 할 수 있다. 한편, 기업들이 기업브랜드 대신 공동브랜드를 사용하는 이유는 기업이 판매하는 제품들간의 유사성이 줄어들게 되면 기업브랜드만으로 어떤 제품이 보유한 의미를 나타내는데 어려움이 따르게 된다. 만일 기업브랜드가 유사성이 거의 없는 여러 다양한 제품들에 공통적으로 사용된다면, 서로 다른 특성을 가진 제품들을 효과적으로 묶어주는데 어려움을 겪게 된다.

다) 개별브랜드 수준에서의 브랜드 관리 전략

개별브랜드는 기본적으로 하나의 제품범주에 국한되는데, 개별브랜드의 장점은 브랜드와 이를 지원하는 모든 마케팅활동이 특정 소비자집단의 욕구충족에 맞춰 이루어 질 수 있다는 점이라고 할 수 있다.

라) 브랜드 수식어 수준에서의 브랜드 관리 전략

기업브랜드, 공동브랜드, 개별브랜드의 사용여부와는 상관없이 품목과 모델의 종류에 따라 브랜드를 구별해야 할 필요가 있는데 이러한 경우에 브랜드 수식어를 추가시킴으로써 품질의 속성이나 기능면에서 차이가 있음을 나타낼 수 있다. 브랜드 수식어는 같은 브랜드명을 사용하는 제품범주내의 서로 다른 제품들이 속성이나 편익차원에서 어떠한 차이가 있는지를 나타내는데 중요한 역할을 수행한다고 할 수 있다.

참·고·문·헌

강신겸 외, 동북아관광지도와 한국의 선택, 삼성경제연구소, 2005.

고석면 외, 관광정책론, 대왕사, 2001.

고정민 외, 전략 서비스산업의 경쟁력 강화방안, 삼성경제연구소, 2007

김광근 외, 관광학원론, 백산출판사, 2004.

김도희, 관광학개론, 백산출판사, 2003.

김성용, 관광마케팅, 기문사, 2006

김성용, 여행사경영론, 기문사, 2006

김성혁, 관광마케팅의 이해, 백산출판사, 2000.

김연성 외, 품질경영, 박영사, 1999.

김영규, 여행사경영과 실무, 대왕사, 2001.

김영규, 여행사실무론, 대왕사, 2003.

김인수, 거시조직이론, 무역경영사, 2005.

김재원, 항공사경영론, 기문사, 2004

김종의 외, 마케팅, 형설출판사, 2003.

김진섭, 관광학원론, 대왕사, 1996.

문준연, 마케팅원론, 명경사, 2003.

박기홍 외, 디지털경제와 인터넷혁명, 을유문화사, 2000.

박상수, 국제관광원론, 형설출판사, 2004.

박호표, 신관광학의 이해, 학현사, 2004.

박흥수 · 하영원, 신제품마케팅, 학현사, 2004.

변우희 · 최학수 · 노정철, 실전관광사업론, 형설출판사, 2002.

사단법인 한국마케팅연구원, 마케팅 실천성공살례집II, 2002.

신강현, 강인숙, 호텔경영학개론, 기문사, 2006
신형덕, 전략경영과 경쟁우위, 시그마프레스, 2007.
신혜숙, 호텔. 관광마케팅, 대왕사, 2004.
안광호 · 김동훈 · 김영찬, 시장지향적 마케팅전략, 학현사, 2005.
안광호, 한상만, 전성률, 전략적 브랜드관리, 학현사, 2003
양영종 · 김상훈 · 정걸진, 디지털시대 광고론, 형설출판사, 2003.
양창삼, 조직이론, 박영사, 1990.
원융희, 박충희, 이창욱, 최신관광인사관리, 백산출판사, 2004.
이명식, 서비스마케팅, 형설출판사, 2004.
이문규 · 안광호 · 김상용, 인터넷마케팅, 법문사, 2004.
이원우 · 서도원 · 이덕로, 경영학원론, 박영사, 2000
이우용 · 정구현 · 이문규, 마케팅원론, 형설출판사, 2003.
이유재, 서비스마케팅, 학현사, 2004.
이정실, 외식기업경영론, 기문사, 2002.
이정학, 관광마케팅, 기문사, 2003.
이철 · 장대련, 국제마케팅, 학현사, 1999.
임창희, 조직행동, 학현사, 2001.
장대련 · 한민희, 광고론, 학현사, 2002.
장세진, 경영전략, 박영사, 2003.
장세진, 글로벌경영, 박영사, 2004.
전용욱 외, 국제경영, 문영사, 2003.
전인수, 서비스마케팅, 석정출판사, 1999.
정규엽, 호텔 · 외식 · 관광마케팅, 연경문화사, 2004.
채서일, 마케팅, 학현사, 2004.
최승이 · 이미혜, 국제관광론, 대왕사, 2001.

최태광, 관광마케팅, 백산출판사, 2002.

한상만 · 하영원 · 장대련, 마케팅전략, 박영사, 2004.

황규대, 전략적 인적자원관리, 박영사, 2008.

황현철 · 김규헌 · 윤정헌, 21세기 여행업경영론, 기문사, 2003.

Aaker, David A., Strategic Market Management, 6th ed., John Wiley, 2001.

American Marketing Association, "AMA Board Approves New Marketing Definition," Marketing News, March 1, 1985.

Barich and Kotler, "A Framework for Image Management", Sloan Management Review, 1991.

Barlett, C. and S. Ghoshal, Managing Across Borders, Harvard Business School Press, 1989.

Berry, Leonard L, A. Parasuraman, and Valarie A. Zeithmal, "Understnading Customer Expectations of Services", Sloan Management Review, 1991.

De la Sierra, M. Cauley, Managing Global Alliance: Key Steps for Successful Collaboration, Addison Wesley, 1995.

Garvin, David A, "Competing on the Eight Dimensions of Quality", Harvard Business Review, November/December, 1987.

Hofstede, Geert, "National Culture in Four Dimensions: A Research Theory of Cultural Differences Among Nations", International Studies of Management and Organization, 13, Spring-Summer, 1983.

Lovelock and Christopher H., "Classifying Services to Gain Strategic Marketing Insight", Journal of Marketing,

47(Summer), 1983.

Kotler, P. and G. Armstrong, Principle of Marketing, 9th ed., Prentice-Hall, Inc., 2001.

Kurtz, David L. and Kenneth E. Clow, Service Marketing, John Wiley and Sons, 1998.

Miles, R. E. and C. C. Snow, Organizational Strategy, Structure and Process, McGraw-Hill, 1978.

Parasuraman, A., Valarie A. Zeithmal, and Leonard L. Berry, "A Conceptual Mode of Service Quality and Its Implication the Future Research", Journal of Marketing, Fall, 1985.

Porter, Michael, "Competition in Global Industries, Harvard Business School Press, 1986.

Robertson, Thomas S., Innovative Behavior and Communication, Holt Rinehart and Winston, Inc., 1971.

Root, Franklin R., Entry Strategies for International Markets, Lexington Books, 1994.

Shostack, G. Lyun, "Breaking free from Product Marketing", The Journal of Marketing, April 1977.

Terpstra, V., International Marketing 3rd ed., Hinsdale, Dryden Press, 1988.

Zeithmal, Valarie A. and Mary Jo Bitner, Service Marketing, McGraw-Hill Co., 1996..

Bartlett, C.A., and Ghoshal, S.(1989). Managing Across Borders. The Transnational Solution, Boston, MA: Harvard Business School Press.

Birkinshaw, J.M. and Morrison, A.J.(1995). Configurations of strategy and structure in subsidiaries of multinational corporations. Journal of International Business Studies, vol. 26, pp.729-754.

Brooke, M.Z.(1984). Centralization and autonomy. A study in organization behavior, London and New York: Holt, Rinehart and Winston.

Child, J.(1973). Strategies of control and organization behavior, Administrative Science Quarterly, vol. 18(March), pp.1-17.

Garnier, G.(1982). Context and decision making autonomy in the foreign affiliates of U.S. multinational corporations, Academy of Management Journal(December), pp.893-908.

Gates, S.R. and Egelhoff, W.G.(1986). Centralization in headquarters-subsidiary relationships, Journal of International Business Studies, vol. 17(Summer), pp.71-92.

Gong, Yaping(2006). The impact of subsidiary top management team nationality diversity on subsidiary performance: Knowledge and legitimacy perspectives, Management International Review,vol.46, pp.771-789.

Ghoshal, S. and Bartlett, C.A.(1988). Creation, adoption and diffusion of innovations by subsidiaries of multinational corporations, Journal of International Business Studies, vol.19, pp.365-388.

Gupta, A.K., Govindrajan, V.(1991). Knowledge flows and the structure of control within multinational corporations,

Academy of Management Review, 16(4), 768-792.

Harzing, A.W.K.(1999). Managing the multinationals: an international study of control mechanism, Northampton, MA: Edward Elgar.

Holm, U. and Pedersen, T.(2000). The emergence and impact of MNC centers of excellence. Mcmillan: Basingstoke, Hampshire.

Jakobsen and Rusten(2003). The autonomy of foreign subsidiaries. An Analysis of headquarter-subsidiary relations, Norwegian Journal of Geography, vol. 57, pp.20-30.

Jarillo, J.C. and Martinez, J.I.(1990). Different roles for subsidiaries: the case of multinational corporations in Spain, Strategic Management Journal, vol.11, pp.501-512.

Kahneman and Tversky(1979). "Prospect Theory : An Analysis of Decision under Risk", Econometrica, 47, p.263-291.

Kought, B. and Sing H.(1988). The effect of culture on the choice of entry mode, Journal of International Business Studies, vol.19, pp.411-432.

Martinez, J.I. and Jarillo, J.C.(1989). The evolution of research on coordination mechanism in multinational corporation, Journal of International Business Studies, vol. 20, No. 3, pp.489-514.

O'Donnell, S. W.(2000). Managing foreign subsidiaries: agents of headquarters, or an interdependent network? Strategic Management Journal, 21, pp.525-548.

Subramaniam and Watson(2006). How interdependence affects

subsidiary performance, Journal of

Taggart, J.(1997). Autonomy and procedural justice: A framework for evaluating subsidiary strategy, Journal of International Business Studies, 28(1), pp.51-76.

Taggart, J. and Hood, N.(1999). Determinants of autonomy in multinational corporation subsidiary, European Management Journal, 17, pp.226-236.

Woodcock, C.P., Beamish, P. and Makino, S.(1994). Ownership-based mode strategies and international performance, Journal of International Business Studies, vol.25, No.2, pp.253-273.

Young, S. and Tavares, A.T.(2004). Centralization and autonomy: back to the future, International Business Review, 13, pp.215-237.

찾·아·보·기

【ㅈ】

【기타】

저 · 자 · 소 · 개

■ **김 성 용**

- George Washington University 테크노경영학(석사)
- 홍익대학교 대학원 경영학과 박사과정 수료(경영학박사)
- 홍익대학교 경영학과 출강

현) 한국관광대학 호텔경영과 교수

Hospitality 서비스 경영전략

●발행일

2010년 2월 20일 초　판 발행
2011년 2월 20일 1판 2쇄 발행
2013년 8월 20일 1판 3쇄 발행

●저　자

김 성 용

●발행인

한 인 환

●발행처

도서출판 **기 문 사**
서울시 동대문구 용두2동 730-4번지 홍신빌딩 3층
전　　화 : 02) 2265-7214, 922-8662~3
팩시밀리 : 02) 922-8772
homepage : www.kimoonsa.co.kr
e-mail : book@kimoonsa.co.kr
등　록 : 1978. 8. 9. NO. 6-0637
ISBN : 978-89-7723-436-9　93980

저자와의 협의하에 인지생략

정가 : 18,000원